「3か月」の使い方で人生は変わる

Googleで学び、
シェアNo.1クラウド会計ソフト
freeeを生み出した
「3か月ルール」

freee創業者・代表取締役CEO
佐々木大輔

日本実業出版社

はじめに

「やりたいことがあるけれど、なかなか時間がない」
「いつも、やらなければならないことに追われている」

そんな悩みがある人は少なくないのではないだろうか。この本は「時間の使い方」にジレンマや課題を抱えている人に対して、僕がこれまでやってきたことが、1つの事例として少しでもヒントになればと思って書いた。

最初の2つの声に対して、僕なりに答えるとすれば次のようになる。「本当にやりたいこと」があるのなら、**「やらなければならないこと」に追われる毎日から抜け出して、まずは時間をつくってやってみるしかない**。

正論すぎて何の変哲もないと思われるかもしれないが、それが僕の考えだ（「いやいや、その時間がつくれなくて困っているんだけれど……」という声が聞こえてきそうだが、少しお付き合いいただきたい）。

この考えの背景にあるのは、グーグルで働いた経験、そしてグーグルで働きながら仕事前と仕事後の時間を使って「クラウド会計ソフト ｆｒｅｅｅ」を開発し、その後、ｆｒｅｅｅという会社を起業したことだ。

グーグルで働いていたときも、「クラウド会計ソフト ｆｒｅｅｅ」の開発をしたときも共通して意識している時間の単位がある。それはグーグルでは「クォーター」や「３か月サイクル」とも呼ばれ、日本の会社でも「四半期」と呼ばれる「３か月」という期間だ。

「３か月」は、この本でも大きなポイントとなるが、詳しくは本文に譲りたい。

「クラウド会計ソフト ｆｒｅｅｅ」は今ではシェア日本一となっているが、このクラウド会計ソフト自体も、僕の「時間の使い方」に対する意識が大きく影響している。

時間に追われて、あと回しになりがちなことは、世の中にたくさんある。その結果、解決されていない課題というのもたくさんあるはずだ。僕は、世の中で解決されていない問題の１つとして、経理などのバックオフィス業務を効率化することがあると感じた。

クラウド会計ソフトによって、ときに面倒だったり、大変だったりするバックオフィスの作業から解放されて、効率化することができない、ワクワクする創造的な活動に時間を使ってほしいと。

freeeには、多くのエンジニアが働いている。エンジニアの生産性は、人によって100倍以上違うと言われ、それはタイムマネジメントも大きく関わっている。今では、これはエンジニアにかぎった話ではなくなってきており、**ビジネスの生産性も「時間の使い方」の巧拙で圧倒的な個人差が生まれつつある**と僕は考えている。

ただ、どんなに時代の状況が変わっても、1日は24時間しかないということに変わりはない。だとすれば、「その時間をどう使うか」、もっと言えば、自分が本当にやりたいことに集中するために「どう時間をつくっていくか」、その時間を生み出すために「何を優先するのか」ということを常に考えていく必要がある。

優先順位とは、裏を返せば「やらないこと」や「潔く切り捨てること」を決めることで、初めておのずとあぶり出されていく。そうやってある意味、開き直って「これはやらない」と決める。

優先順位を意識しないと、漫然と「なんだかよくわからないけど、うまくいかないんだよな」ということになりかねない。そうではなく、自分の意思をもって、優先順位を決めて、時間を自らコントロールしていく。なおかつバッファや懐の深さがあることが重要だ。

よくわからないまま、時間に追われたり、巻き込まれたり、流されたりしないようにする。そのためにも、「どんな時間の使い方をしているか」を振り返ることも大事だ。

ｆｒｅｅｅの社内でも、「時間の使い方」はお互いのカレンダーを見せ合いながら、よく議論にのぼるテーマだ。「もっと、こういう時間の使い方をしたほうがいい」と、みんなわいわい言い合っている。

そんな僕の「時間」に対する考え方は、２００８年にグーグルで働き始めてから身についたものだ。そこで、僕のフェーズも変わった。

グーグルに入るまでは、「仕事を効率化して、処理するスピードを速めて時間を捻出する」というアプローチが有効だと思っていた。これは「仕事はたくさんやればやるほど成果につながる」という、高度経済成長期の価値観から続くような考え方がベースとなっている。

時間がもったいないから、僕は好んで歩きながら本を読んだりしたものだが、これもそんな考え方を体現している象徴だ。銅像で有名な二宮金次郎のように勤勉だからではなく、時間の効率化のために。

しかし、グーグルで一緒に働いた仲間をはじめ、世界の人々の働き方に触れるうちに、僕の「時間」に対する概念は変化していった。たとえば、「必ずしもたくさん働けば成果が出るわけではない」という考え方も影響を受けたことの1つだ。これは、それまでもっていた「仕事を処理する量を増やせば、その分だけ成果につながり、幸せになれるのだろう」という考え方を根本的に覆した。

たしかにグーグルにかぎらず、僕が見てきた「エリートビジネスマン」と言われる人たちは、仕事できっちり成果を出すが、必ずしも働いている時間が長いわけではない。プライベートや家族との時間をとても大事にしていた。人生の過ごし方に対する満足度も高そうだった。

さらに、これはグーグルという一企業だけでなく、世の中の流れも、ただ単にたくさん働けばよいというわけではなく、**どうやってみんなで時間をうまく使って、ビジネスを成長させていくのか**、という方向にシフトしている。

「時間の使い方」は、カテゴリーでいえば、「時間術」や「タイムマネジメント」に入る。「時間術」や「タイムマネジメント」というと、できるだけ短い時間で仕事を処理するための効率化のテクニックを紹介する本をイメージするかもしれない。

しかし、僕は**「時間術」や「タイムマネジメント」は、効率化して生み出した時間で、**

非効率なことに時間や情熱を注ぐことがゴールだと考えている。

本格的なＡＩ時代に突入するこれからは、効率化できる部分はＡＩにどんどん置き換わっていくだろう。だからこそ、一見すると「非効率なこと」が、将来的には人間が時間を注ぐ重要な領域になっていく。

たとえば、「企業文化」というのも、会社を立ち上げてすぐにできるようなものではない。「うちの会社って、こういう価値観を大事にするよね」というのは、会社にいるみんなが同じ時間を過ごし、考え方はもちろん、失敗や成功体験を共有しながら、時間をかけて育まれていくものだ。

もっと身近なことで、人と人との「信頼関係」というのも、時間をかけて築いていくものである。また、本を読んだり、家族と一緒に過ごしたり、何かに感動したり、心からリラックスしたりする時間も効率化できるものではない。

効率化して生まれた時間を「非効率なこと」に注ぐという、「時間」に対するとらえ方の変化は、実際に僕の人生にイノベーションをもたらした。僕は仕事や生活でも、時間の「長さ」よりも、その「質」や「満足度」を大事にするようになったのがそうだ。

その結果、人から「忙しそうなのに、意外と時間があるよね」「意外と、勉強していて、余力があるよね」「どうして、そんなに時間があるんですか？」なんて言われることが多くなったのは、身近な誇れる実績かもしれない。

僕が「クラウド会計ソフトｆｒｅｅｅ」の開発にチャレンジしようと決めるにあたっては、あるエピソードに背中を押された。

それは、かつてグーグルで働いていたインスタグラムの創業者、ケビン・シストロムの「自分はエンジニアではないけれど、プログラムをつくって創業した」という話で、「僕にもできるんじゃないか」と一歩を踏み出すきっかけになった。

僕もそうやって一歩を踏み出したように、この本に書いた僕の１つの事例が、読んだ方の「最初の一歩」に貢献できるのなら、これほどうれしいことはない。

２０１８年６月

佐々木大輔

「3か月」の使い方で人生は変わる　目次

第1章　「3か月」で人生は変わる

第2章

3か月の「テーマ」を決める

第3章　3か月の「ゴール」を決める

第4章　3か月の「時間泥棒」を見つける

第5章 3か月の「生産性」を高めるスケジューリング

第6章 成功は「アウトプット」しなければ始まらない

カバーデザイン　重原隆
カバーイラスト　VAlex／shutterstock
本文デザイン・DTP　松好那名（matt's work）
構成　黒川なお
写真　高野愛
企画協力　山田竜也

第1章

「3か月」で人生は変わる

「3か月」、1つのテーマに取り組む

何かをつかめる、何かが変わる。

そういう感触を得られるのが、**「3か月」**という時間の単位だと僕は思っている。事業は3か月では変わらない。経営も3か月では変わらない。けれども、**考え方や成功体験など、人生の転機という発想で見れば、「3か月」という時間の単位で何か手ごたえを得ることは可能だ。**「3か月」集中することでナンバーワンになったり、「3か月」で大きな自信をつけたり、新たな道を切り開いたりすることができる。

実際に僕自身、勉強にしろ仕事にしろ、起業の準備も、転機となるテーマに取り組んだときは、いつも「3か月」という期間がポイントになっていた。

その原体験は小学生のときにさかのぼる。僕は最寄りの公立小学校に通っていたが、偶然その小学校は東京の台東区の中でも、とくに教育の取り組みが面白いとされていた小学校であった。

そのため、遠くからも教育熱心な家庭の子たちが集まる学校であったから、小学5年生になったころ、放課後に遊んでくれる友達がいなくなってしまった。みな中学の受験勉強をするためだ。

そこで、僕は親にお願いをして、学習塾に行かせてもらうことにした。友達と遊ぶことが目的であったから、とくに休み時間に塾のほかの生徒とトランプをすることを楽しむようになった。

その学習塾は能力別のクラス編成であったのだが、そこで困ったことが起きた。一緒にトランプで遊んでいた仲間たちがどんどん上のクラスに上がっていってしまったのだ。

これだと塾に行く目的が失われてしまうので、僕は非常に困った。上のクラスに上がりたいと思うものの、それまで算数も漢字も大の苦手であったし、仲間たちに追いつかなくてはいけないことは膨大にあると思え、どうしたらよいかわからなかった。そんなとき、たまたま小学校の友達から、「ある問題集がいいよ」と薦められたので、ワラにもすがる思いでとりあえずやってみることにした。

そして、偶然にも僕はこんな目標を立てた。「3か月で、この1冊の問題集をすべて解けるようにしよう。理解できなくても、最悪、丸暗記すればいい」。

その結果、最初のトランプ仲間に追いつくどころか、より強いトランプ仲間を求めて一番上のクラスにまで上がることができた。そして結局、難関進学校である開成中学に合格し、入学したのだが、周りには「まさか、あの佐々木が?」とびっくりされたことは今でも覚えている。これは大きな成功体験となった。

その後、学生時代も社会人になってからも、何度か「3か月」の集中によって自分の人生を変えたかもしれない転機が訪れ、気づけばこの「3か月」という期間を積極的に活用するようになった。

「3か月」という時間の単位は、僕にとって全力投球して1つのテーマに集中できる限界とも言える。極端な話、毎日ずっと同じことをし続けられる限界が3か月でもあると思う。まあ、これは「熱しやすく冷めやすい」という僕自身の性格の問題もあるとは思うけれど、同じテーマで3か月以上やると飽きてしまって、楽しく続けられないのだ。

「半年」や「1年」と言われると、それはちょっと長い。犠牲にするものが多い気がするし、手を抜いたりしないといけない部分も出てくるように思う。でも、**「3か月」という**

のは、日数にすると90日だから「じゃ、やろう」と高い関心を保ちながら楽しく取り組める期間として、長すぎず短すぎずちょうどいい。3か月だと、なんとかしようという気にもなる。

だから、「3か月」は計画するときは長く感じるかもしれないけれど、終わってみるとあっという間。そういう時間の単位でもあると僕は思っている。

3か月間、1つのテーマに向き合って取り組むことで、面白さを発見したり、知識や理解を深めることができたりするなど自分の成長が実感できる。あるいは、目に見えるものばかりではないかもしれないけれど何かしらの成果が出てくる。そうやって3か月間を積み重ねると、結果的に成功体験にもつながる。

「3か月」は確実に変化を起こせる最小単位

成功体験は「3か月」でつくることができる

3か月間、1つのテーマに向き合ってみる。

それも、多くの人が本気で取り組んだことがない課題に向き合ってみる。そのほうが、取り組んだときの成果は大きいものになる。これは、これまでの体験から実感したことだ。

3か月間集中して取り組むことで、「世の中の価値となるもの」を生み出して大きな自信につながる手ごたえを感じたのは、大学生のときだった。インターンとして働いたベンチャー企業のインタースコープ（現在のマクロミル）で、新しいシステムを開発した体験がその原点となったのだ。

その会社は、インターネット上でのアンケート調査を通じて、消費者の行動をモデル化し、予測するプラットフォームをつくることを目指していた。僕はその構想にとても共感し、自分のミッションのようにも感じたものだった。

とはいえ、実際にやっていたことはけっこう泥くさく、データ分析にたどりつくまでの工程の多くが手作業だった。アンケートの回答データをエクセルにコピペして集計し、分析可能なかたちに整えるという。ものによっては丸1日以上かかるような作業だったけれど、そういう手間のかかる作業を、みんなが地道に1つひとつ手作業でやっていたのだ。

それを1週間くらいやったとき、これは僕のやりたかったこととは、ほど遠いと感じるようになった。それに加えて、僕は単調な作業がすごく苦手なので、よくミスをしては叱られていた。ついには音を上げて、当時の社長に「こんなの耐えられないから、辞めます」と直訴したのだ。

すると社長に「気持ちはわかるけれど、それが嫌ならやらなくて済む方法を考えてみたら？」と言われた。辞表を出しに社長のところに行ったのが、逆に社長から新たな提案をされてしまったわけだ。

じつは「こんな作業はプログラムを書いて自動化できるのでは」と考えていたこともあ

り、帰りに本屋に寄って、プログラミングやエクセルのマクロに関する本を買って、とりあえず読んでみることにした。

家に帰って、いくつか簡単なサンプルをつくってみると、「これは本気でやればできるかも」と思えてきた。

それで、僕は「これまでやってきた一連の手作業を自動化したい」と社長に申し出てみた。「その代わり、3か月間はほかのことをいっさいさせないでくれ」とも。一度辞めると言ったあとだったので、なんだか僕も強気になっていた。

3か月のうち、最初の数週間はプログラミングの勉強をみっちりした。そのあと、試行錯誤を繰り返しながら本気でやり始めたら、データ集計と分析可能なかたちに整える作業が、3か月後には自動化できたのだ（もちろん簡単ではなかったが）。

新しい仕組みが生まれたことで、それまでみんなが手作業で丸1日かかっていた作業が、20～30分で終わり、分析の仕事だけに時間を使えるようになった。

その作業だけをやっている人が何十人もいる会社だったので、働き方にも大きな変化が起きた。誰も取り組まなかったテーマに集中したことで、僕はそのとき初めて「自分も社会の役に立てる」と強く実感することができたのだ。

　みんながやっているメジャーなスポーツや音楽などは、はっきり言って3か月頑張ったところで天井が見えているものも多い。でも一方で、3か月頑張って取り組む人のいないテーマが、世の中にはたくさんある。

　だからこそ、**誰かが本気で取り組んだことのないニッチなテーマに、あえて3か月注力してみる。**その結果、世の中にインパクトを与える成果が生まれ、かつ達成感が得られ、ときに自分でも気づかないうちに人生が変わっていくことがある。

3か月間「誰かが本気で取り組んだことのないテーマ」に取り組む

グーグルの「3か月サイクル」

3か月で結果を出す。

グーグルで働いていたころ、みんなこのサイクルを意識しながら仕事をしていた。なぜなら、グーグルでは四半期ごとの管理が徹底していて、3か月で成果を出せない人やプロジェクトは、どんどん忘れ去られるからだ。グーグルには、そういう暗黙の了解があった。

実際に、プロジェクトも人事も3か月単位で変わることが少なくない。結果が出せない場合、突然予算がなくなるといったことは平気で起こり得る。極端な話、3か月後には方針が変わって、自分のチームがなくなる可能性だって十分にある。「腰を据えてやりたかった」と、それが合わずに辞めていく人もいた。

僕は、グーグルの「3か月サイクル」を目の当たりにしたとき、3か月間の時間の流れが新卒で入った広告代理店での2年半にも相当するような、圧倒的なカルチャーショックを受けたことを、今でもよく覚えている。

僕がグーグルで中小企業向けのマーケティングを担当していたころ、施策を打つのに「これだけの予算がほしい」と上司にかけ合ったことがある。すると、上司は希望していた額以上の予算をポンと出してくれた。「もっと使え」というわけだ。はっきり言って、使い切るのが大変だと思うほどの金額だったので、最初は驚いた。

グーグルのマーケティング組織では、「ほかの地域や国でうまくいっていることは、とりあえずなんでも試してみよう。ほかの誰よりも早くやってみよう。そして、結果をみんなにシェアしよう」という文化があった。これは「スティール＆シェア（steal & share）」と呼ばれていた。

僕もそれにならい、十分な予算もあったので、いいと思われる施策はスピード感をもってどんどん試してみることにした。そうやって予算を思いきって使い、どこかのマーケットで証明された成功事例をひたすら試していくうちに、3か月間で見えてくるものがいっぱいあった。

「この施策なら、もっとこうすれば次は絶対にうまくいく」というように、いろんなヒントが一気に得られたのだ。もし予算がそこまでなければ、きっと優先順位を決めて順番に施策を試していただろう。しかし、潤沢な予算をもって、いろんな施策を同時多発的に試すことができたので、言語化はできないけれど、どんな施策はうまくいき、どんな施策は簡単ではないということに関して短期間で嗅覚をもつことができた。

そのおかげで、おそらく普通にやっていたら1年半ほどかかりそうなことも、グーグルではわずか3か月でできたのだ（もちろん、それだけ頑張らないといけないが）。

ただ、グーグルではそこで終わりではなく、自分たちが試してうまくいった施策は、ほかの国まで出かけて行って「この施策、うまくいっているからやりなよ」と直接勧めて、いい施策であれば広めていくことまで期待されていた。積極的によい施策の宣伝を行うわけだ。

グーグルでの仕事は、「その人の信頼性」がものを言う。自分の信頼性が上がるほど、お金も人もついてくる。だから、成功事例はもったいぶらずに共有する。グーグルでは仲間からの信用を広く獲得して、仕事がしやすいサイクルを生み出すことも学んだ。

それに、勧めた施策を仲間が試してみてうまくいった場合、「あいつの言っていることは本当だった」とさらに自分の信頼性が上がり、仕事がしやすくなる。3か月で成果を出すための人の巻き込み方にも、グーグルのダイナミズムを感じる日々であった。

周りからどれだけ信頼を得られるかで、3か月間で出せる成果は変わってくる。しかも、その結果しだいで次の3か月の成果も変わってくるのだ。

3か月ごとにわかりやすい結果を出し続ける。グーグルの「3か月サイクル」はシビアではあるけれど、スピード感があって面白く、ものすごい勢いで自分の成長を感じられるので、僕にとっては飽きることがない、新しい挑戦の連続だった。

3か月ごとにわかりやすい結果を出し続ける

「freee」の開発も3か月がポイントだった

現在では日本一のシェアを誇る「クラウド会計ソフト　freee」の開発も、3か月がポイントだった。

「スモールビジネスに携わるすべての人が創造的な活動にフォーカスできるようにしたい」という「クラウド会計ソフト　freee」のコンセプトは、グーグルで働いているときに浮かんだ。

2008年にグーグルに入社し、僕は日本の中小企業向けにマーケティング業務を担当していたが、その後、アジア地域全体における統括責任者を務めた。その仕事をしながら、日本の中小企業におけるテクノロジーの導入やインターネットの活用が進んでいないことに、強烈に危機感をもつようになった。クラウドサービスの利用率も圧倒的に低い状況であったし、それに加えて、日本はほかの国と比べて開業率が低いという課題もあった。

そういったことを目の当たりにするうちに、「テクノロジーの力で、中小企業の経営者を応援する事業がしたい」という気持ちがわき出て、いても立ってもいられなくなってきたのだ。

テクノロジーの中でも、「会計」ソフトに目が向いたのは、グーグルに入る前に働いていたマーケティング支援を行うベンチャー企業のＡＬＢＥＲＴ（アルベルト）での経験による。

僕がそこで最高財務責任者（ＣＦＯ）を務めていたころ、日々現場から出てくる請求書や領収書などのデータを経理担当者が手入力で打ち込む負担の大きさを痛感したことがあった。そんな経理業務そのものの効率化における課題を、グーグルで働いているなかで思い出したのだ。それで、クラウドサービスを利用した自動会計ソフトの構想が頭に浮かんだわけだ。

「クラウド会計ソフト ｆｒｅｅｅ」のサービスは、僕がこれまでに出会ってきた問題意識や問題の集合体に対して、より本質的なアプローチができる「解」だと思った。その

「解」をいかに早くかたちにするかが重要なポイントだった。

そこで、まずは3か月間で原型となるものを自分で一度つくってみようと、プログラミングを勉強し直して取り組み始めたのだ。日中はグーグルで働いていたので、朝6時に起きて、出勤までの2時間くらいを朝のプログラミングの勉強時間にあてた。さらに、仕事が終わって夜6時から夜中の1時くらいまで費やした。

そのころは4時間くらいしか寝ていなかったが、眠いと思ったことは一度もなかった。テレビゲームにはまる小中学生のように、没頭しすぎて夜中の1時を過ぎても続けてしまうときがあったので、むしろ、やりすぎてペースを崩さないようにすることに気を配っていたくらいだった。

そのときの3か月間で得られたことは、まずは「ｆｒｅｅｅ」というソフトのアイデアをなんとか具体化できたこと。そしてもう1つ、「最悪、自分1人でも、そこそこつくることができるかもしれない」という手ごたえを得たことだった。

「とりあえず、自分1人だけでも、なんとなく動くものをつくることができる」という感触を最初に得られたのは、とても大事なことだった。誰かにつくってもらってそれを管理する、というのは自分の性格を考えるとあまりできないだろうと思っていたし、何か問題があったとき、それがどれくらい深刻なのか、自分でわかるというのはとても重要だと思ったからだ。

それに開発のコストは、自分というリソースだけだ。かぎりなくコストを下げることができるという点でも、「3か月、まず1人でつくってみる」というのは、結果的にとてもよかったと思う。

ただ、僕はプロのエンジニアではないので、「これは、1人じゃできない。ビジネスとして展開するには、それに耐え得る仕組みを一緒に開発し運用できる人が必要だ」と思い、次の3か月のテーマは、「『freee』を一緒につくることができる仲間を探す」ことへとシフトしていった。

「クラウド会計ソフト freee」の開発は、その後、僕を含めて3人で走り出し、今では中小企業だけでなく、多くの企業や個人事業主の方にも使われている。その出発点は、グーグルで働きながら開発した3か月だった。人によっては「たかが3か月」と思うかもしれないけれど、僕にとっては**「されど3か月」**で、それは自らの人生を通して痛感していることだ。

3か月の集中で「これまでになかったもの」を生み出す

第 2 章

3か月の「テーマ」を決める

ワクワクしないと続かない

ワクワクすることを選ぶ。

これは、3か月間、1つのテーマに取り組むときの鉄則だ。とはいえ、興味がわかない課題を与えられたり、素直に楽しめない仕事が降ってきたりすることも実際にはよくあるはずだ。

でも、そういうときこそ発想を変える必要がある。**その課題自体にとくに面白みはないように感じても、課題を解決したもっと先にある何かに目を向け、その先にどんな意味や意義があるのかを考えてみるのだ。**

新卒で入った博報堂で、僕はマーケティング部に配属された。博報堂はインターンをしていたインタースコープの大きな顧客であったし、就職の人気も高い会社であるから、漠然と楽しいことができるのだろうなと思った。

しかし、入社するとすぐに挫折を経験した。ＣＭのコピーを考えたり、どの広告にどんなタレントを起用するかを夜通し話し合ったりする広告代理店での仕事は、好きな人にとってはたまらなく楽しいはずだ。でも、やってみると僕はあまり楽しむことができず、そんな日々を送った先に、将来のキャリアは見えないのではないかと悩み始めた。

また、データサイエンスをさんざんやってきた僕にとっては、インターネット以前のマス広告業界は「この広告を打つといくら儲かるか」という費用対効果を算出するということになかなか向き合うことができておらず、それに対する不安も強く感じ、なかなかモチベーションが上がらない局面も多かった。

そのようななか、ある消費者金融のマーケティングを担当する仕事があった。消費者金融は、日本ではあまりいいイメージがないので、「徹底的にいいブランドイメージをつくろう、テレビ広告を強化してブランド力を一気に上げよう」というのが最初のお題だった。

これは今も変わらないが、消費者金融業はＣＭなどの広告で使うことのできる表現がとてもかぎられている。そのため、いいブランドをつくるうえではＣＭ以外の切り口でも提案する必要があると僕は考えていた。

そこで、理解を深めるためにも、とりあえず消費者金融のカードをいっぱいつくって店舗に出向き、お金をガンガン借りてみることにしたのだ。すると、どの会社で借りてもサービス自体は大して差がないということがわかってきた。

さらに、消費者金融が複数入るビルに行ってみて感じたのは、結局「こっちの店はなんだか汚いな」というちょっとした理由で、同じビルの別の店に入るのかもしれないということだった。

そこで、クライアントには「お客様の入りやすさを考えて、もっと店舗に投資しましょう」と提案することにした。ただ、クライアントの担当者や社内の先輩たちはエリート層が多く、ふだんはお金を借りる立場で店舗に出向くことがない人たちだったので、なかなか提案が響かない。

そもそも借りる人の気持ちをわかってもらうにはどうしたらいいかと考えた結果、実際に何店舗かへみんなで行ってみることにした。そうしたら、チームは僕の言い分を理解してくれたようだった。「どうすれば店舗を改善できるか、どれだけ投資をすればどれだけのリターンがありそうか定量化してみよう」という話になったのだ。

200店ほどある東京中の全店舗に調査員を派遣して、店舗評価をしたり、店舗やAT

Mの写真を撮ったりしながら、どんな要因が来店者数と関係しているかを調べたりした。そうやって、店舗のどこに投資すべきかをモデル化していったのだ。その結果、改善点が明らかになり、売上の向上にもつながり、クライアントにはとても喜んでもらえた。

これは、与えられたお題から自分なりに新たな面白みを発見したことで、僕自身も楽しみながら課題を解決することができた経験の1つだ。

まずはいろんな視点から考えてみること。その結果、それでもやっぱりワクワクしないのなら、そのテーマに取り組むのはやめておいたほうがいいかもしれない。

でも、「じつは面白いじゃん」と思ったら、それだけで大きな発見である。**誰かに与えられたものではなく、自分で見つけた小さな気づきから、ワクワクは生まれるものだと僕は思っている。**

「面白い」は誰かが与えれくれるわけではなく、自分で発見する

「みんながやらないこと」をやってみる

3か月間で取り組むテーマは、「みんなが注目していないこと」の中から選んだほうがいい。

これは、僕自身の経験から言えることだ。テーマは、ワクワクすると同時に、みんながあまりやらないこと、注目していないことを基準に考えていく。これだと単純にライバルが少ないし、成果も出しやすいからだ。

僕は中学校に入ったとき、強いアイデンティティクライシスに陥って自信を失った。小学校までは、コミュニケーション能力は高いほうで、わりと目立つ存在だったように思う。ところが、開成中学に入ると、基本的に全員コミュニケーション能力は高いし、面白い人たちだし、みんな僕より圧倒的に勉強やスポーツができた。ケンカしても勝てなければ、音楽や絵なんかもすごくうまかったりして、何をやっても全然歯が立たなかったのだ。

部活はラグビー、バレーボール、野球、合唱など気になったものにはとりあえずチャレンジしてみた。でも、3か月くらい経ってそこそこできるようになってくると、いつも疑問を持ち始めるのだ。「この分野で突き抜けた成果を得られる気がしない。一生懸命続けたところで、その先に何かあるのかな?」と考えては辞める、その繰り返しだった。「僕は、この集団の中で何の特徴もない、なんて普通で個性のない人間なんだろう」と情けなく、もんもんとする日々が続いた。

でも、そのおかげで「正攻法じゃダメだ。何か面白いことを考えないと」と途中から発想が変わった。具体的には、**人とは違うこと、人が目をつけないことを日ごろから意識するようになっていった。**

最初から目立つ存在だったら、わざわざそんなことをしなかったと思うし、する必要もなかったかもしれない。でも、どうしたら自分のアイデンティティを保てるか、自信を取り戻せるかを考えて試行錯誤するなかで、あまり誰も注目していない「ニッチ」なことを自然と狙うようになっていった。これは、のちに「クラウド会計ソフトｆｒｅｅｅ」の開発にもつながる、自分なりのセオリーをつかむ原点となったように思う。

僕が高校生のとき、私立高校のロゴ入りのカバンが流行っていた。当時の開成高校にはオフィシャルなカバンはなかったから、自分でつくってみることにした。

自分でカバンをデザインし、製造する会社に片っ端から電話をかけ、請け負ってくれる業者を探して奔走した。同時に、周りの友達に「これ、つくったら買う？」と見本をもって聞いて回ると評判は上々だった。

それならばと、300個を思いきって発注してみたら、一気に飛ぶように売れていった。1つ2000円くらいでつくって、3500円で売るわけだから、初めてにしてはいいビジネス経験になった（最終的には、ほかの人がマネし始めて、いろんなところで売りつける問題も出てきたから、学校がオフィシャルなカバンをつくることになった）。

この体験は、誰も手をつけていないことに踏み込むと、自分にもできることがある、という自信を与えてくれた。

ニッチということに関して振り返ると、たとえば就職活動でも、もっとそのような視点を意識すべきだったと思っている。

たとえば、学生による就職人気企業ランキングを見ても、上位企業は昔からあまり変わっていない。しかし、みんなのやりたいことが集中しやすい環境では、ライバルが多いし、成果も出しづらい。

世の中のごくかぎられた人しかもっていないような課題や、みんなが注目していないこと、やりたがらない分野は、そこに投資がなされていないし、あまり開発もされていない。つまり、穴場だと言える。

そういった「ニッチ」なことの中から、自分なりの面白さを発見して、3か月間取り組んでみることで、インパクトのある成果が出せるテーマはたくさんある。

「みんなが注目していないこと」で「自分がやりたいこと」は何か？

「やりたい」と「できる」の重なりを見つける

「やりたい」と「できそう」が重なるかどうか。

みんながあまり注目していない「ニッチ」な分野で、「やりたい」ことが見つかったとしたら、さらに自分が「できそう」かどうかを考えるようにする。

とくに、3か月でインパクトのある結果を出すには、みんなが注目していない分野で、「やりたいこと」と「自分にもできること」をセットで考えるのが大切になる。

極端な例だが、野球が好きだからといって、いきなりプロの野球選手には当然なれない。そもそも人気の高いスポーツではライバルが多いし、いくら努力してみても、プロで通用する実力が身につくとはかぎらない。

みんなに人気のある分野や、みんなが注目している方向を見れば見るほど、「できること（実力）」のミスマッチは増えてくる。

「クラウド会計ソフトｆｒｅｅｅ」は、「あまりみんながやりたがらない」分野で、僕の「やりたい」と「できる」がマッチングしたからこそ、短期間で日本一のシェアを誇るものへと成長することができていると思う。

まず、「やりたい」は、グーグルで働いた経験を通して生まれた。具体的には、中小企業のマーケティングに携わるなかで、日本の開業率の低さと、中小企業におけるテクノロジーの導入やインターネットの活用が進んでいないことを目の当たりにしたことがきっかけという話はした。この状況をどうにかしたい、という危機感と欲求が自分の中に生まれたのだ。

それに当時、クラウドサービスは、日本ではほとんど使われていない状況だった。ただ、時代の流れとして、いずれクラウドサービスが世の中を席巻するという思いが僕にはあった。２００８年にグーグルに入社したころ、すでに社内のツールのすべてがクラウドであり、その便利さを実感していたからだ。

そういった経験が積み重なり、インターネットを活用することで、誰でも簡単に経理ができるような転換点を必ずつくれるはずだという考えが、どんどん強くなっていった。そして、社会にとっても大きな意義があることだから、それなら僕自身がそういうサービスをつくりたいと思うようになったのだ。

一方、「クラウド会計ソフトｆｒｅｅｅ」を開発するうえでの「できる」という面は、インターン時代にプログラミングに取り組んでシステムを開発した経験や、ＡＬＢＥＲＴで非効率な経理業務の状況をたくさん目の当たりにしてきた経験がベースになっている。

従来の経理は、領収書などの数字を手で入力して台帳へ貼り付け、人力での確認作業を繰り返し、場合によってはすでにデジタルデータになっているものをプリントアウトして、それを見ながら手で画面にもう一度入力するというものだった。エンジニアとしては一度入力したものをどう参照するか、二度繰り返していることをどう簡素化するかを考える。

だから、この両者をテクノロジーでつなげば、僕の「やりたい」が実現すると考えるようになった。**僕の中でふとした瞬間に、経験に基づいた「できる」が「やりたい」とつながったのだ。**それに、わざわざリスクをとって、中小企業に向けて使い勝手のいいサービスを提供しようとする他社も不在だった。そういうニッチな状況にもチャンスを感じた。

そうして、競争相手の少ない分野で、自分の「やりたい」と「できる」が重なり合った瞬間、「スモールビジネスの根幹を変えるサービスが必ずつくれる！」という確信が生まれた。**「会計ソフト」というと地味に思うかもしれないが、それ以上にすごくセクシーなものになるという確信だった。**

新しいことにチャレンジすることで選択肢は広がる

「やりたい」と「できる」を見つけるには、どうするか？　これは一見すると遠回りのようでも、意識的に非連続なことにチャレンジして、もがいてみるのが近道だと思っている。世の中にはこういう問題があるのだと視野が広くなり、新しくできることも増えてくるからだ。

「やりたいこと」と「できること」の選択肢が徐々に増えていく。すると、あるとき自分の中で2つの接点がつながる瞬間を、僕はこれまでに何度となく経験してきた。

やってみると、わかる

新しいことへの挑戦に、躊躇《ちゅうちょ》しない。

ｆｒｅｅｅという会社にはいろいろなタイプの人がいるが、みんなに共通するのはこの点だ。「やったことがないから無理」という人は、１人もいない。

プログラマーがカスタマーサポート業務を躊躇なくこなしたり、カスタマーサポートのメンバーが新規開発プロジェクトの発案者になったり、業務の垣根がほとんどないと言える。

その代わり、自分で発案したものは、最後まで責任をもってやり抜くのがルールだ。そういう企業文化だからこそ、新しい発想も生まれやすいのだと思う。実際に、新しい自分に出会える毎日を、みんなとても楽しんでいるように見える。

もし、やりたいことに迷っていたり、見つからないという人がいるなら、僕は間違いなく「とりあえず、何にでも飛び込んでみたら?」と声をかけるだろう。**やりたいことは偶然生まれる、とも言えるからだ。**

「これ!」と思えるテーマに出会うには、1つのことにこだわりすぎず、いろいろな経験をしてみることがとても大切だ。しかも、身の回りのことで、周りの人があまりやりたくないと思っていることこそ、あえて率先して拾ってみるのだ。

そうすると、「これは自分でも解決できる問題かもしれない」「じつは面白そうだ」と見えてくるものがきっとある。やってみないと見えなかった景色や、体験した人しか得られない独自の世界観というのが、必ずあるのだ。

学生のころ、僕は合唱部にも入っていた。暇そうにしていたら、「やらない?」と友達から誘われたのがきっかけだ。普通に考えたら、もともと興味もないし、出会う機会もないだろうなと思ったからこそ、あえて始めてみることにした。

合唱部ではテナーを担当したが、始めてみるとこれがなかなか楽しかった。飛び抜けてうまくなるかは別として、こういう世界があるのだと視野が広がって新鮮だった。

そうやって、1つの興味の幅が広がると、経験値が増えて、自分のキャパシティもどんどん広がっていく感覚が得られる。だから僕自身、始めるのもやめるのも、あまり躊躇しない。

「続けるのが美徳」という文化の一例として、たとえば中学や高校の部活動は「やめちゃいけない」という考え方が強い。でも、「人生の広がり」という意味では、それだけが正解という雰囲気は、僕はあまりよくないという気がしている。いろいろと挑戦した結果、視野が広がる、という考え方もあるからだ。

3か月間、何かに全力で取り組んだ場合、「せっかくここまでやったのだから、もう少しやろう」などとあとに引けなくなるケースがあるかもしれない。いわゆる「もったいないお化け」だ。そこまで時間を投資したのだから続けないのはもったいない、と考えがちだ。

でも僕は、**1つのことを何がなんでも続けるというのではなく、いろんな経験をしておくほうが、価値があると思っている。**

もったいないと感じるのは、たぶんそこで「貯まったものを捨ててしまう」という意識が働くからだと思う。そうではない。むしろ、経験は自分の中に蓄積されていく。

学生時代にスウェーデンの大学に留学していたとき、それこそヨーロッパ人は、スポーツでも音楽でも何でもやるし、何でもできるんだと感心したことがある。やはりそれは、教養の1つという感覚なのだろう。ずっと1つのことをやり通すのではなく、いろいろと経験してみることのほうが、人生は豊かになるのだと感じた。

日本では、それが好きかどうかもわからないまま、「継続こそ力なり」と、1つのことを続ける美徳に価値が置かれがちだ。でも、それこそもったいないと僕は思う。1つのことをしすぎたほうがもったいない、なんてことも世の中には少なくない。

可能性を感じないテーマなら、やりすぎるほうがもったいない

「unlearn」というグーグルの企業文化から学んだこと

「グーグルは特別な会社だから、unlearn（アンラーン）するのが大切だよ」

これは僕がグーグルに入社したとき、同僚や上司からまず最初に言われたことだ。**「unlearn」とは「常識を一度はずしたなかで、どう成果を出せるか」**という意味合いである。

意思決定だとか、予算の承認時期だとか、一般的な会社だと決まっているフローや体制があると思う。でも、当時のグーグルにはそういうものは、ほとんど存在しなかった。たとえば、誰に承認を取れば自分のアイデアを実行できるのかわからないのだ。外資系企業では、プロセスやルール、自分にいくら決裁権があるかなど、事前に具体的にしっかり決まっていることのほうがむしろ多いだろう。けれども、グーグルにはそういったことがほとんどなかった。

だから、「勝手にやったもの勝ち」のようなところがあった。自分1人でできることなら、それはある意味で楽な環境なのかもしれない。ただ、ほかの人を巻き込んでやる必要があることについては、これがなかなか難しい。まず誰に働きかければいいのかがまったくわからないのだ。そういうカオスな状態が日常だった。

自分のチームに使える予算がいくらあるのか不明確だし、あったはずの予算がすぐになくなることもしょっちゅうだった。そういったすごくカオスな状況に慣れるという意味でも、「unlearn」する必要があったのだ。

多くの場合、「あなたの予算は200万円です」と言われたら、いかにそれを有効に使うかと考えるのではないだろうか。逆に、予算がいくらなのかわからない状況だと、「じゃあ、どうしたらいいの？」ととまどうだろう。文句を言う人も出てくるかもしれない。

また、明確なルールがないと、「この人と、あの人の言っていること、どちらが本当なの？」というように、振り回されることも多くなるはずだ。

このように、カオスという状況は、人によってはとても大きなストレスになり得る。一方で、極度にクリエイティビティが高い人たちにとってみれば、カオスは歓迎される環境と言える。カオスな状況だと、ヘタに枠にはめられることもないからだ。

当時のグーグルでは、本当に尖った人は、実際に何か突拍子のないアイデアをもってきて、たとえば高額の予算や人手がかかるようなものであっても、着実に実行してしまった。

また、グーグルには「Ph.D.（博士号）」をもつアカデミックの成功者たちが本当にたくさんいて、リスペクトされていた。

中途半端にリサーチをして、「リサーチ結果がこうだから、この方法で進めよう」と提案しようものなら、「そもそも、どういう数字の取り方をしたんだ」とすぐさま突っ込みが入る。エビデンスをエビデンスとして、なかなか受け取ってくれないのだ。むしろ、「こんな考えていない人間には任せられない」と信用を失ったりするのだ。

そういった環境では、「トップダウンで解決してください」と上司に訴えたところで、何の解決にもつながらない。「普通の会社ではこうだろう」というロジックは、いっさい通用しないのだ。

当時のグーグルでは、人や組織をうまく動かすために、これまでの常識やバイアスを一度外してみる必要があった。これは、発想を変えて動いていかなければ生き残れないとも言える。臆せず大胆に、自分のやるべき守備範囲を超えて何かやっていかないと、周りに影響力を生む仕事は決してできなかったからだ。

「unlearn」が有効なのは、グーグルにかぎらない。**初めてのことに挑戦したり、八方ふさがりの状況に直面したりしたときなど、手探りの環境で成果を出そうとしているすべての人にとって、思考にブレイクスルーをもたらしてくれる発想だと思っている。**

あえて常識を一度外してみることの効能

それは「マジで価値ある」ことか？

「その解決策は本当にベストか、価値があるのか？」

3か月間取り組んでみたいと思うテーマやアイデアが浮かんだとき、自分にそう問いかけてみてほしい。この問いかけが強いテーマをつくる大きなきっかけになるからだ。

freeeという会社のメンバーの行動指針となる価値基準の1つに、「マジで価値ある」、通称「マジ価値」と呼んでいるものがある。自分たちがこれから生み出すアウトプットすべてに対して、「本当は何が問題で、それに対するベストの解決策は何だろう？」と考えてみることを意味する。その解決策が「ユーザーにとって本質的な価値があること」なら、自分を信じてやり抜くということも意味する。

なぜ、「マジ価値」を会社の価値基準に定めているかというと、**僕たち人間は、問題の**

本質が何なのか見えていないことがよくあるからだ。

僕たちが「クラウド会計ソフト ｆｒｅｅｅ」を開発する以前、会計ソフトは「いかに速く入力できるか」が争点だった。周りに「ｆｒｅｅｅ」という会計ソフトの話をしても、「今のままでいいんじゃないか」「もっと速く入力できるものがほしい」と言われるばかりだった。

それに、会計ソフト業界は30年間変わっていない業界だから、「クラウド会計ソフトをつくる」と言うと、周りからは「いきなりは無謀だ」とか「既存の会計ソフトを補助するツールをつくったらどうか」と言われた。自分たちのアイデアが画期的でベストだと思いつつも、周りの声を聞くかぎり評価はいまいちだった。心が折れそうになることもあり、正直なところ不安もあった。

でも、僕たちの解決策は、「速く入力する」ことではない。そもそも「入力しないで済ませる」「入力を自動化する」というものだった。

もし、それらを実現できたら、「既存の会計ソフトと比べて50倍速く経理業務が完了する」というテスト結果も、僕たちは手にしていた。それは、「絶対に価値がある」という強い確信につながった。だから、周りに何と言われようが、そこはブレずに突っ走って開発することができたのだ。

とはいえ、僕たちのアイデアは、周りに聞いてもなかなか出てこない「解」であり、周りに肯定的な意見はほとんどなかったことから、僕たちも「一部のわかってくれるユーザーのニーズを、強烈に満たすことができればよし」というある種のあきらめもあった。

ところが、いざ「クラウド会計ソフトｆｒｅｅｅ」をリリースしてみると、僕たちの想像をはるかに上回る爆発的な反響が得られた。「こういうサービスを待っていた！」というユーザーからの声がＳＮＳ上で相次いで話題となったのだ。一時は、アクセスが集中しすぎてホームページのサーバーが落ちてしまい、サービスを停止せざるを得ないほどだった。

そして、マーケティング活動はほとんどしていなかったのに、リリースして2か月で、４４００以上の事業所に使ってもらえる状況が生まれたのだ。これは、ＳＮＳのリツイートや口コミで評判が広がったためだった。

もし、「そうか、お客さんが求めているなら、速く入力できるものをつくる必要があるな」と請け合っていたら、小さな改善はできただろう。でも、そのサービスによって中小企業の経理業務を自動化するというイノベーションは生み出せなかったはずだ。**顧客の声は、サービスを改善する局面では非常に重要だ。しかし、サービスを革新する局面では必ずしもそれだけではない。**

この経験から、自分たちが信じるものをつくることに集中する「マジ価値」という考え方が生まれた。ユーザーの要望や意見をそのまま受け入れるのではなく、たとえ「いらない」と言われたとしても、自分たちの信じる道を進むほうがずっと大切だと痛感したのだ。そしてある意味、「いらない」と言われていること自体が業界のニッチな状況をつくる参入障壁となっていたのだ。

「マジ価値」は、ｆｒｅｅｅという会社の価値基準にとどまらない。何かやりたいことがあるとき、インパクトのある新しいサービスを生み出そうとするとき、万能に役に立つ考え方だと思っている。周りの声に流されたり、振り回されたりしないためにも、意味のある問いかけだ。

「これがベストな解決策だ」と自分自身で腹落ちしているなら、周りから言われたことではなく、自分が信じたことに忠実になるべきだと僕は思う。

自分が出した「ベストな解決策」は信じ切る

イノベーションを起こすのは難しくない

「イノベーションって簡単だよね」

こう口癖のように言っていたのは、僕が学生時代にインターンとして働いていたインタースコープの当時の社長だ。「当たり前の2つのことをかけ合わせるだけで、イノベーションになる。だから、天才でなくてもイノベーションは起こせる」という言い分なのだが、この考え方は、自分でも知らないうちに僕の頭の中に刷り込まれていたようだ。

僕が学生時代にインターンとして働いていて、値付け（プライシング）のための価格調査をする際に、ある1冊のマーケティングリサーチの本を読んでいたときのことだ。

日本語に訳されたその本には、ごく一般的に使われている「PSM分析」というマーケティングリサーチの手法について、2ページくらいで紹介がなされていた。これは商品やサービスの最適価格を導き出す分析手法だが、「なぜ、その手法を使うと最適な価格が導き出せるのか」というロジックは書かれていなかった。そのため残念ながら、あまりよく内容が理解できなかったのだ。

次の日、そのことを社長に話すと、「では、どんなロジックなのかを分析してみたら？」とお題が渡された。先に話した、データを集計して分析可能なかたちに整える自動化システムをつくったあとだったから、手も空いているし、なるほど面白そうだなと思って引き受けることにした。

「イノベーションって簡単だよね」という刷り込みがあったおかげで、「これも意外と簡単に解けるんじゃないか」と心理的なハードルが低くなっていたのだ。それに、「本で紹介されている内容がわからないからこそ、自分でもっと面白いことができるかもしれない」とポジティブにとらえることができた。

手始めに、原書をたどることにした。ＰＳＭ分析が、なぜいろいろな本で紹介されているのか、原点となる文献をたどれば道筋が見えてくると思ったからだ。さまざまな本を読んでいくと、ちょっとした誤訳というか、しっかりとロジックが解釈されないまま日本語に訳されている部分があることがわかってきた。

とすると、そのままその調査手法を利用することにあまり意味はないのだが、偶然調べていたほかの値付けに関する調査手法と組み合わせることで、ロジックとしてもわかりやすい調査手法にできると気づいたのだ。

改良自体はたいしたことではなく、PSM分析と偶然出会ったほかの手法の2つのアイデアを組み合わせただけだ。ただ、広い範疇《はんちゅう》で文献を読んで、最初にインプットする量を増やしておいて正解だった。過去にどんな考え方が存在していたかを知っていたことで、その組み合わせのアイデアが浮かんだからだ。

アイデアの単純な組み合わせではあるが、僕が改良を加えた分析手法の論文は、世間から評価されるものになった。日本マーケティング学会の査読付き論文と、マーケティング業界の権威の許可なしには載らないような雑誌にも掲載された（論文はマーケティングリサーチの書籍などで今も引用されている）。

「君は今、周りがまったく考えていなかったことに取り組んでいる。けれども、難しいと思わず簡単だと思うのが大事だ。人は誰でもイノベーションを起こす可能性をもっている」。当時の社長の口癖を、僕はこのように解釈している。天才じゃなくてもイノベーションは起こせる。そういうものの見方はとても印象的だったし、自分の考え方にも深く根ざしてきたように思う。

「これとこれを組み合わせるだけ」というのは、なんとなく浅はかな発想に思えて避けている人もいるかもしれない。でも、僕自身そのときは気づかなかったけれど、今考えると「インターネット×〇〇」で「インターネット×書店＝Ａｍａｚｏｎ」、「スマホ×〇〇」で「スマホ×タクシー＝Ｕｂｅｒ」というように、**シンプルな組み合わせからイノベーションは生まれている。**

「インターネット×会計ソフト＝ｆｒｅｅｅ」というのも、シンプルな発想から。これも僕が「イノベーションを起こすのは簡単だ」というマインドセットをもっていなかったら、「クラウド会計ソフトｆｒｅｅｅ」は生まれてこなかったかもしれない。

世の中には、面白いアイデアはいっぱい転がっているが、**そのアイデア自体に「これはすごい、世の中を変えるのではないか？」という熱狂をもって取り組めるかどうかのほうがより重要な場合も多い。**イノベーションの種は、誰の周りにも転がっている。

新しい概念は「組み合わせ」によって生まれる

「テーマ」は3か月ごとに変える

「3か月」を積み重ね、積み上げる。

ｆｒｅｅｅの創業をきっかけに、僕の「3か月ルール」のスタイルは少し変わった。「スモールビジネスに携わるすべての人が、創造的な活動にフォーカスできるようにしたい」という僕らのミッションを実現するには、3か月だけ頑張って終わりというわけにはいかない。もっと長いスパンでゴールをとらえる必要があるからだ。

ｆｒｅｅｅを2012年7月に創業して、最初の3か月のテーマはなんと言ってもクラウド会計ソフトをいち早く完成させることだった。

とはいえ、創業後のはじめの3か月間だけは、じつはとても効率の悪い時間の使い方をしてしまった。起業していきなり無限の時間ができ、何かもう少しいいアイデアが出るんじゃないかと、ああだこうだ言いながら、もう一度ゼロベースで考え直すことをしてしまったのだ。

いろいろな意味で締め切りのない世界だし、ジャッジをしてくれる人も、お尻をたたいてくれる人もいない。おそらく、新しい環境にうまく適応できなかったのだろう。この最初の3か月間は、ものごとを前に進めるというよりも、起業したということに浮き足立ってしまったように思う。

7月に起業したのだが、気がつけば季節は秋で、外はもう涼しくなっていた。しだいに、このままだとさすがにマズいという危機感が仲間の間にも生まれ、開発のペースも上がってきた。

freee創業当時のことを今振り返ると、グーグルで体験した3か月サイクルの重要性を念頭に、本当は必要だと思うことからどんどん動いていくべきだった。

大事なことは、スピーディーに行動して、まず何らかの成果を出すこと。そして、ユーザーのフィードバックを受けて改善して完成度を高めていくことなのだ。現在は徹底しているけれど、今思い返しても苦々しく、同時に学びの多い3か月だった。

そのため、次の3か月は「もう迷わない。このソフトをつくる」と決意して取り組んだ。僕たちの最初のターゲットは個人事業主だったから、確定申告が始まる2月中旬を目がけて、腹をくくって進めるしかないと覚悟した。

ただ、必死に巻き返しを図ろうとはしたものの、どうしても確定申告の開始時期までに、ソフトの完成は間に合わなかった。もし、あと1か月早く開発できていたとすれば、確定申告が始まる時期に合わせて、ちょうどこの新サービスをリリースできていたわけだから、これは本当に悔しかった。

その悔しさを表すため、2013年の確定申告の締め切り直後の3月19日に必ずリリースすることにこだわった。これは絶対に譲らないと決めて取り組んだ。

「クラウド会計ソフト freee」の最初のバージョンを世の中に出してみると、とてもいい反応が返ってきた。そこで次の3か月は、製品に対するフィードバックを受けて、「freee」のブラッシュアップに取り組むことにした。

そして、自分たちの新たなテーマとして、改良したソフトを「スタートアップ企業が多数応募する有名なピッチ・コンテストに出す」ことに据えた（ピッチコンテストは複数の企業が自社の製品やサービスをプレゼンし、その内容を競う催し）。結果として、5月に出場したコンテストでは優勝し、認知度はうなぎのぼりだった。7月には、2億7000万円の資金調達にも成功した。

とはいえ、「クラウド会計ソフト」という1つの新しい画期的なオプションが増えたにもかかわらず、中小企業の経営者の多くは、まだまだそれを知らないのが現状だった。

「それはなぜだろう?」という疑問から、その次の3か月のテーマは、「クラウド会計ソフトfreee」という商品そのものの認知度を高めることに注力した。

こんなふうに、1つのテーマに取り組んでいると、ものごとの課題はだいたい3か月ごとに変わる。すると、次の3か月間、取り組むテーマもおのずと変わっていく。

目的がずっと先にある大きな課題であっても、3か月ごとにテーマが変われば、きっと飽きることなくゴールに近づいていけるはずだ。

長期的なゴールも、3か月ごとのテーマ設定が肝心

第3章

3か月の「ゴール」を決める

「理想ドリブン」で考える

最初は「理想」をベースにする。

多くの人は「今の自分にできること」をベースにものごとを考えがちである。「これしかリソースがないから、こういうことしかできない」という発想のように。

しかし、「本当はこれがしたい。そのためにはこれだけの人やお金が必要だ」などと、まずは理想ベースで考えてみることが大事だ。なぜなら、**「今できること」だけを基準に考えると、「発想の枠」がどうしても狭くなってしまうからだ。**

理想的な状態にするために、まずは本当はどうするのがベストなのかを考えてみる。このことをｆｒｅｅｅでは、「理想ドリブン」と呼んでいる。「理想ドリブン」もｆｒｅｅｅの価値基準の１つだ。新しい価値を世の中に生み出すとき、「マジで価値ある」と同じく、とても役に立つ考え方だと思っている。

「クラウド会計ソフト ｆｒｅｅｅ」を開発するとき、「会計業界の慣習は、30年間も変わっていないのだからやめておいたほうがいい」と周りから言われた話は先にした通りだ。ただし、そのとき僕たちは、「自分たちには会計に関する専門性がないから、イノベーションを起こすようなソフトを開発するのは難しい」などとは考えなかった。むしろ、開発するうえでの理想的な状態をまずは考えた。

創業当初は、ソフトの開発が何より優先すべき課題だったので、とにかくスピード感をもって開発にあたる必要があった。そのため、理想的な状態は「創業メンバーの僕を含めた３人全員が、エンジニアになる」ことだった。

ＣＴＯ（Chief Technology Officer／最高技術責任者）の横路《よこじ》は、もともとエンジニアだったが、ウェブ開発の経験はなかったので、一生懸命勉強しながら開発をしていた。

もう１人の平栗は、プログラミングとはそれまで縁遠い人間だった。彼は、ロースクールを出て司法試験に３回落ちて、ニートをしたあとに、ｆｒｅｅｅに入ってきた人物だ。もし、「できること」をベースに考えるなら「プログラミングができないから、お茶でもくみます」とか「法務担当になります」という展開になっただろう。

でも、それは理想的な状態ではなかった。ソフトウェアの開発というミッションをいち早く完了させるには、全員がエンジニアとして即戦力になるのがベストだった。だから平栗も、プログラムが書けるように自然と猛勉強を始めた。当時の経歴からはとても考えられないけれど、その後、彼は開発部門を統括する責任者にもなった。

ｆｒｅｅｅでは、まず考えるべきは「理想」や「本質的な価値」であって、そのためにはなんでもチャレンジしてみようという文化が創業時からある。これは、ｆｒｅｅｅという会社の最大の強みだと自負している。

普通は会社にとって、「今、自分にできる貢献は何か？」と考えるかもしれないが、**別に「今の自分にできること」にとらわれる必要はまったくないと思う。**とくに日本はすごく経験を重視する国だから、「理想ドリブン」で考えづらい部分はあるかもしれない。「前職はこうだった」と言って、経験ベースでものごとが進んでいくことも多い。

そんな「経験ベース」で考える「思考のクセ」みたいなものが、自分でも気づかないうちに自然と身についてしまっている人は、意外と多い。そういう人こそ、「自分は経験がないからできない」ではなく、**「理想までの溝を埋めるためには何が必要だろう」と考えることが大切だ。**そう考えられるかどうかで、成果や自身の成長にも大きな差が生まれてくるはずだ。

もちろん、現実社会では妥協しなきゃいけない場面がたくさんある。しかし、**理想を軸に考えるクセをつけていけば、自分の能力を自分で制限することはなくなるだろう。**思考の枠がもっと広がるし、視野も開けるし、何より理想と現実の差がわかると、理想に近づくために自ら前に進むための努力もするようになる。

そうすれば、自分にできることが増える。可能性も広がる。結果的に、生み出せる成果のインパクトも大きくなるはずだ。思考のクセひとつで、成果が大きく変わることも、僕自身が実感している事実だ。

最初は「現実ベース」ではなく、「理想ベース」から

目標は「自分がコントロールできること」

自分でコントロールできないゴール（目標）は、設定する意味がない。

これは目標設定の肝だと、僕は考えている。見通しが立たない状況に翻弄されるのは気持ちのいいものではないし、自分が設定した目標はやっぱり必ず達成したい。だからこそ、自分でちゃんとコントロールできるゴールをもつ、ということが大事になる。

たとえば、営業担当の人なら「今月の売上目標は１００万円」などと具体的な達成すべき数字を目標に設定することも多いだろう。もし、その金額を自分１人ですべてコントロールできるのならば問題はない。

でも、お客さんしだいの部分が多分にあるのが現実ではないだろうか。そのように**自分**

でコントロールできない部分があると、目標を達成するために具体的に何をすべきか見えず、とにかく頑張るしかなくなってしまう。

それに、コントロールできない目標は、「どうしよう、売上目標にまだ全然届いていない」「まずい、このままだと今回は目標を達成するのは無理かもしれない」などと不安やあせりをあおることになりやすい。そのような精神状態では、やるべきことに100％集中しづらくなるので効率的ではないし、気持ちもよくない。

だから、**ゴール（目標）を設定するときは、「売上100万円（達成目標）」ではなく、その一歩手前の「クライアントへの訪問件数20件（行動目標）」というふうに、「自分がやるべきこと」に的を絞ったものにする必要がある**（実際には、この場合、訪問件数だけでなく、「こんな話し方をする」といった目標ももっておくべきだとも思う）。

それに、「これに一番時間を使う」「これを必ず理解する」というふうに手段やスキルをゴールにするほうが、やるべきことの優先順位がはっきりするし、行動ベースの具体的な計画が立てられる。

この「目標は自分がコントロールできることを設定する」というのは、ビジネスにかぎらず何かを勉強するときも同じだ。

たとえば英語を勉強するときも、「英語で日常会話ができるようになる」といった漠然とした目標を設定すべきではない。結果としてのゴールはそれでよくても、**目標は「何を」「どれくらい」取り組めばいいのかを明確にする必要がある。**「自分がやるべきこと」に的を絞った具体的な目標を設定していないと、人は行動に移すイメージが描けないからだ。

英語の勉強で「TOEIC600点」という「達成目標」もよく立ててしまいがちだ。これは一見すると具体的なようだが、点数は自分では直接コントロールしづらいし、通常の人は「TOEIC600点の能力はどの程度か」をイメージできないから、取り組む目標としてはおすすめできない。

結果的に「TOEIC600点」になったとしても、目標は「この本に載っている単語をすべて覚える」「このテキスト3冊で出題されている問題については、すべてパーフェクトに解答できる」といった自分でコントロールできるものにしたほうがいい。そうやって「自分がやるべきこと」がはっきりすると、具体的に行動に移しやすくなる。

英語のテキスト3冊に載っている解き方をすべて覚えるのであれば、「逆算すると、1か月に1冊ずつ覚える必要がある」→「そのためには毎日10ページずつ進める必要がある」→「たぶん1回やっただけだと忘れるから、復習も毎日したほうがいい」→「1か月後にまた同じ箇所を復習して、3回くらいやれば覚えられるだろう」→「それでも間違えている箇所は、この時期に全部リストアップして、最後の2週間くらいでもう一度やり直そう」などと、「何を、どうするか」がかなりはっきりとした計画を立てられるはずだ。

そうすれば、あとはその計画に沿ってこなすだけ。やるべきことに集中できる。予定よりも遅れているなら、「まずい、もう少しスピードアップしなきゃ」という判断もできて、すぐに立て直せる。

もちろん、「達成（したい）目標」を置くことは自分を見失わないために重要であって絶対にもったほうがいいと思う。しかし、実際には「自分がコントロールできること」に的を絞って「行動目標」を重視すると、実現する可能性も高まる。

「TOEIC600点」ではなく、行動に移せる「テキスト3冊」

世の中に「インパクト」を与えられるか

「なぜ、グーグルを辞めたのか？」

これは僕がよく受ける質問である。「ｆｒｅｅｅ」というクラウド会計ソフトの構想を実現したかった、というのが最大の理由だ。

グーグルで働きながら、インターネットやＡＩを中心とするテクノロジーの活用で日本のすべてのビジネスをアップデートするようなことができるのではないか、という思いがどんどん強くなっていったからだ。

ただ、昔から起業したいと思っていたわけではなかった自分が、グーグルを辞めて起業したのはなぜだろう、とよくよく考えてみると、１つの答えにたどりつく。

「失敗してもいい。もっと自分自身が主体となって世の中に大きく貢献したい」という思いだ（ちなみに昔と違って、起業した結果、失敗したとしても経歴に傷をつけるのではなく、むしろ箔《はく》をつけると考えていた。だから、失敗も意義があると考え、思いきって挑戦しやすかったと思う）。

僕はグーグルで働くなかで、その企業文化に大きな影響を受け、そこではチャレンジもたくさんした。何より仕事が楽しかった。それは、グーグルという会社が、世の中に与える貢献度もとても大きく、働くようになってから初めて、自分の仕事の意義自体を楽しむという感覚をもつことができたからでもある。ただ、同時に大きな組織でもあるため、個人として世の中に貢献できているという感覚が、だんだん薄れていくようにもなっていった。

そのようなタイミングで、「会計ソフトは、あらゆる企業で必要とされる。だからこそ、最新のＡＩやクラウド技術によって、圧倒的な業務効率化や経営の見える化を実現できる新たなソフトウェアをつくり、それを当たり前にすることができたら、ボーリングのセンターピンを倒すように、世の中の常識を変える大きなインパクトがある」と考えるとワクワクしたのだ。

これまで、日本の中小企業においては、新しいテクノロジーの導入は難しいので敬遠されがちだと言われていた。しかし、少なくとも経理業務がインターネットとＡＩの活用で簡単になることが当たり前となれば、中小企業にとってあらゆる分野でテクノロジーは非常に親しみのもてる存在になるだろう。

それに、まだ誰も取り組んでいないことだったから、やる意義も強く感じていた。たとえ失敗したとしても、そこからの学び自体、世の中への重要なインパクトになるだろうと思っていた。

このような思考を経て、「起業」が最も世の中に貢献できて、僕自身もしっくり納得できるかたちだと思うようになった。だから、グーグルを辞めて、その先のステップとして、ｆｒｅｅｅという会社を創業したのだ。

そんな僕の考えもあってか、ｆｒｅｅｅでは、会社内の評価制度も社会に対する「インパクト」を問う企業文化がある。人事評価においては、その人がどういうアウトプットを出したのか、それは世の中に対してインパクトがあるものだったか、という点をすごく重視し、「インパクト・レビュー」という制度として運用している。

営業がどれくらい売り上げたか、という定量的な目標設定が世の中では一般的かもしれないが、ｆｒｅｅｅではそこばかりを重視していない。もちろん、事業部として定量的な目標はある。ただし、「世の中や組織にどんなインパクトを出せたか」という部分に、よりフォーカスをあてて、人事評価をしている。

日々進化する新しいテクノロジーを、日本のスモールビジネスに携わる人たちに、いち早く提供し、導入してもらうために。バックオフィスの手間から解放されて、できるだけ本業である「創造的な活動」に専念してもらうために。**数字以上に大切な本来の目的を見失わないためにだ。**

これは会社の目標にかぎった話ではない。**個人的な目標でも「世の中へのインパクト」というマクロな視点で考えたほうが、きっとモチベーションや行動の質は上がるはずだ。**

長期的なゴールは「世の中にどれだけ貢献できるか」

世の中の「問題解決」につながるか

「世の中をよりよくしようとすること」に自然とアツい。

グーグルには、こんなマインドをもった優秀な人たちがたくさんいた。

たとえば、「Thank God, It's Friday.（神様ありがとう、今日は金曜日だ）」という句の頭文字を取った「TGIF（ティージーアイエフ）」という文化があった。これは、その週の仕事が無事に終わったことへの感謝や労《ねぎら》いといった目的で、金曜日の夕方にオフィスで開かれるパーティーのことだ。

そこでは、世の中をよくするとか、社会問題を解決する話題が非常に盛んで、みんなごく自然に参加していた。たとえば、福祉施設を見学して、グーグルがこう改善されることで、もっと広くたくさんの人々の役に立てるのではないか、という発表があって、それに対して非常にアクティブに議論がなされる。ＴＧＩＦというカジュアルな場であっても、世の中をよりよくする考えのもと、すぐ真剣になるようなカルチャーだった。

課題だと思ったことをシェアすると、みんな自分のことのように興味をもって、いろんな意見やアイデアを出しながら、課題の解決に向けた議論を当たり前のように始めるのだ。東日本大震災のときにも、グーグルのエンジニアがひと晩で避難施設を案内するソフトウェアをつくったり、それをちゃんとガラケーでも見られるようにしたりと、誰に言われるでもなく次々に被災地の問題を解決する施策をリリースしていた。そういった「世の中をよくすること」に自然とアツいマインドは、僕がグーグルで働くなかで強く影響を受けたことの１つだ。

ｆｒｅｅｅでも、そのようなメンバーは非常に多く、ＮＰＯ（特定非営利活動法人）特有の勘定科目に対応したサービスの開始などは、問題意識をもったメンバーの自主活動によってなされた。

世の中の問題に取り組むというのは、社会にもたらすインパクトの大きさだけではなく、目標に向かってモチベーションを保ちながら長く走り続けるという点でも重要だ。

このことは、グーグルにいたときに取った１か月間の休暇を通して痛感した。当時の僕の上司はオランダ人で、「日本人は働きすぎだ。1か月くらいバカンスを取るといい」と言うので、それに従って休みを取ることにした。

まず、1か月間休むとなると、その間に何をするかが問題だ。そんな長期の休みに付き合ってくれる人なんてそうそういないから、迷ったあげく、オーストラリアでゴルフスクールに入って腕を磨くことに決めた。悠長な話だ。

ところが、「ひたすらゴルフの練習をして、飯を食って寝る」というのんきな生活を繰り返していると、3日くらいですっかり飽きてしまった。ゴルフはやっていて面白かったし、スキルの上達を目標に頑張れるかもしれない。けれども僕の場合、それ以上は続けられないということがすぐにわかった。単に欲を満たすようなことをしていても、意外と早く飽きてしまうのだ。

何より、食べて飲んでゴルフをしてという生活は、世の中に対して何かを生み出して貢献するものではない。きれいごとを抜きにしても、自分の楽しみをひたすら享受するというのは、むしろ自分がただ消費するだけの存在に思えて、だんだん嫌気がさしてきたのだ。**刹那的な喜びに比べて、世の中の課題をもっと本気で解決しようとする生き方のほうが、長期的に間違いなく楽しいはずだ。**そのとき、そうはっきりと確信した。

とくに今の時代、漫然と生きていたからといって、命が危険にさらされる事態はそうそうない。そんな時代だからこそ、「何のためにやるのか」という大きなゴール設定というか、生きる意味みたいなものが重要になるのだと思う。

たとえば、もし「お金を増やしたい」というのを目標にするなら、「お金を失いたくない」となる気持ちが先立つから、大胆な意思決定や長期的な発想はもちづらくなるのではないだろうか。

一方で、**世の中に貢献するという発想で目標に取り組めば、たとえ失敗しても、「このやり方だと失敗する」という貴重なモデルケースを世の中に示すことができる。**その取り組み自体が価値になるから、おのずと使命感をもって思いきった決断や行動もしやすくなるのだ。**世の中の課題解決につながるか、貢献できるかという発想は、じつは自分のためでもある、**というのが僕の考え方だ。

「世の中の問題」に取り組むと、モチベーションも長く保てる

どんな条件より、人を動かすのは「ストーリー」

「資金集め」や「人集め」のうまい人は、みんな例外なくストーリーテラーである。

これは、僕のこれまでの経験から言える真実である。「市場規模がこうで、単価がいくらだから、これだけ儲かるビジネスがつくれます」というストーリーは、細かく数字を出せば言えることだ。けれども、グーグルでも博報堂でも、予算集めや人集めに成功していた人は、心を動かすテーマとゴールをセットにした説得力のあるストーリーを伝えるのが、おしなべてうまかった。

そういう人たちは、すごく大きな問題意識を踏まえたうえで面白いプロジェクトを立ち上げ、テーマとゴールをポンと明快に示す。そして、**「これに取り組むと、世の中がこんなに面白く変わる」というストーリーをもっていた。**聞き手に「難しい課題ではあるけれど、世の中がこう変わるならば実現してほしい」と思ってもらえるスケールの大きなストーリーづくりが本当にうまかった。だからこそ、「その取り組みに賭けてみたい！」と多くの人を惹きつけることができたのだ。

グーグルには、ビジネスとは関係なく、世の中の問題解決に特化した社内NPOのようなチームがあった。そのチームの人たちと一緒に仕事をしたときに実感したのが、説得力の強さだ。

「これが問題だ」と彼らが主張するとき、ぐいぐいと自分の中に話が入ってきたことが今でも忘れられない。災害予測や情報の周知をよりよくするために、こんな課題があり、それはこのようにすると解決するという話であったが、その説得力のすごさに、どんどん腹に落ちてきた。僕も日本の役所との橋渡しなどをして協力したのだが、「問題解決のために、自分も何かアクションを起こす必要がある」と、聞いている人を思わずその気にさせるのだ。

ストーリーを語るうえで、課題設定も表現も、どちらもいいからだと思う。つまり、人を惹きつける面白くて強いコンテンツをうまくつくっているわけだ。だから、そういうところにはお金も人も自然と集まった。

今の時代は、とくに説得力のあるストーリーがないと、ビジネスはうまく回らないことが多いように思う。というのも、世界全体で見たとき、世の中はお金よりも人材のほうが貴重になっているからだ。言ってみれば、お金は余っているけれど、人が足りないのだ。たとえお金を集めることができたとしても、そこに人が集まらないとなると、そのテーマは世の中にインパクトを与えるほど大きなプロジェクトには育たない。

それに、世の中の価値観自体も「お金より、何をするかのほうが大事」というふうに変わってきている。「このアイデアを実行すれば儲かるから、一緒にやろう」とビジネスに誘っても、それだけでは響かない人は多くなっている。

そういう時代背景もあって、雄弁なストーリーはこれまで以上に重視されている。みんなが「これに賭けてみたい」と心を動かされるのは、結局数字ではないのだ。ｆｒｅｅがゼロからの創業で5年で３００人を超える従業員が集まる会社として成長してきたのも、会社として「スモールビジネスに携わるすべての人が創造的な活動にフォーカスできるようにする」というミッションを大切にしてきたことによる部分が大きい。

ストーリーには、大きな世の中の流れを意識しながら、「ここに水を流せば、必ずこっちに流れていく」というように、誰もが納得できる「腹落ち感」が欠かせない。取り組むテーマが見つかって、それで誰かを巻き込んだり、誰かの力を借りる必要があるならば、次の3つをしっかり考えてみてほしい。

- **誰に対して、何がしたいのか？**
- **それを実現できたら何が起こるのか？**
- **それにはどんな意味があるのか？**

「自分のやっていることは、明らかに意味がある」という強力なストーリーに、人は共感し、突き動かされる。もし、あなたが世の中にインパクトのある成果を出したいと思うなら、「これに賭けてみたい」とみんなに思わせるどんなストーリーが自分にはあるのか、一度ぜひ考えてみてほしい。

今の世の中で、みんなが心を動かされるものは何か？

迷ったら、原点に立ち戻る

人間は「気」が変わりやすい。

僕自身も、熱しやすく冷めやすい性格だ。ただ「気」が変わること自体は、人間誰しもよくあることだし、悪いことではない。けれども、3か月間、集中して1つのテーマに取り組むうえでは少し注意が必要だ。

というのも、**自分の「気が変わっている」ということをきちんと認識していないと、気がつけば周りにいとも簡単に流されてしまうからだ。**

「なぜ、気が変わったのか」「その気持ちの変化は是か非か」「気持ちが変化した結果、取り組むテーマも変えるべきか」「それとも、やっぱり最後までやり抜くのか」など、そのつど冷静に判断していく必要がある。そうやって、「気が変わる」ことにいつも意識的になっていないと、知らずしらず気持ちの変化に流されやすい。

ブレない軸がないと、壁にぶち当たったとき、もう少し頑張れば本当は乗り越えられるかもしれないのに、「やっぱり無理かもしれない」と弱気になったり、少しの気の迷いで方向性を変えようとしたりする。これは時間や労力という点でもそうだが、何より自ら可能性の芽をつぶすという意味でももったいないことだ。

迷いが出たり、弱気になったりしたとき、自分はどうしたいのか、どうすべきなのか、立ち戻る場所というか、よりどころになるのが原点となるストーリーだ。冷静な自分を取り戻して、合理的な判断を助けてくれる基準になるからだ。とくに、最終的なゴールがかなり先にある場合、**ストーリーはブレないための強力な軸になる。**

たとえば、「ｆｒｅｅｅ」という会計ソフトをつくったときの僕のストーリーはこうだ。

「テクノロジーの導入とインターネットの活用で、中小企業に経理の自動化と効率化をもたらしたい」

←

「それができれば、中小企業の働き方を変えることができる、創造的な時間を創出するこ

とができる」

↓

「それは、日本のスモールビジネスを強くする、スモールビジネスに挑戦する人がもっと増えることにもつながる」

「クラウド会計ソフトｆｒｅｅｅ」を開発する際、最初は周りの声をたくさん聞きながら、「どうすれば、ユーザーはこのサービスに賛同してくれるだろう」「このサービスは本当にユーザーに受け入れられるだろうか」と迷っていた時期があった。

でも、**「自分が今取り組んでいることには本質的な価値がある」と納得するテーマとゴール、そしてストーリーがあったおかげで、そのときに取り組むべきことや次の一手がおのずと見えてきた。**そして、最終的にはブレずに前進することができた。

「誰に対して何がしたいのか？」「それが実現できれば何が起こるのか？」「それにはどんな意味があるのか？」。これらに対する答えは、意思決定をするうえで、明確な判断基準となる。

判断基準をしっかりと自分でもっているなら、たとえ途中で迷っても、目的地までブレずに一歩一歩進めるはずだ。

このことは、ビジネスにかぎらない。夢や目標をもつあらゆる人に言える。よく「迷ったら原点に立ち戻れ」と言うけれど、ストーリーはまさに「原点」となる。**壁にぶつかったとき、自分が描いたストーリーを思い出すと、そこに「意味」を見出せる。**

目標に向かって力強く邁進している人を見ればわかる。彼らは、「これをやることに間違いなく意味がある」というストーリーをきっともっているはずだ。

ストーリーは、3か月間ブレずにやり抜くためのよりどころとなる

第4章

3か月の「時間泥棒」を見つける

意思決定の「型」をもつ

いちいち思い悩まない。

1日のなかで、「どうしようかな?」と迷うことは意外と多い。それこそ、昼にコンビニで弁当を選ぶという簡単そうなことに、どれにしようか悩んだりもする。

「どうしよう?」という迷いは、意思決定の機会とセットで訪れる。だから僕は、**「こういうものがきたら、こうする」と即判断できる「型」をもつようにしておいて、迷う回数を減らすようにしている。**

あらかじめ「意思決定の型を用意しておく」というのは、とりわけ起業してから意識するようになった。必要以上に悩まず仕事を回していくためには、とても重要な発想だ。たとえば、人に何かを相談されたとき、相談内容のレベル感に応じて「それは自分で決めたらいいんじゃない」「それはあのチームの確認だけとって、よければ進めてしまおう」「それは難しい問題なので、このメンバーでミーティングしてその場で決めよう」というふうに、意思決定の「場」を振り分けるようにする。

たいていのことは、なんとなく自分の中で基準をもっておけば、そのつど考えながらでも裁いていけるが、もし、似たようなことを相談されることが非常に多いのであれば、その基準を明文化してしまうとよい。

もちろん、何から何までルール化されていると大企業なのか官僚なのかという話になってしまうのだが、相談される回数が非常に多いものは明文化し、そうでないものは頭の中に基準をもっておいたり、軽く周りに宣言してみたりと柔軟性をもたせればよいだろう。

このように「自分で決めないこと」を増やすように意識したきっかけは、創業してメンバーが30人くらいの規模になったとき、「すべてを自分で決めようとすると、かえって効率が悪くなる」と実感したことからだった。

会社の規模が大きくなるにつれて、１人で処理できることはどんどんかぎられていった。すると、僕がいちいち意思決定することで、生産性があまり高くなくなるケースが目立ってきたのだ。

たとえば、「よくわからないけれど、そう決まったらしいから、まあとりあえずやるか」といった感じで仕事をする人が出てきたのもそう。「とりあえず、よくわからないけれどやりました。その結果、想定していたものとは全然違うアウトプットになりました」となれば、生産性が著しく下がるのは明らかだ。

何のために取り組んでいるのか、やっている本人もわからない。そういう状況を生まないためにも、とくに意思決定の背景にある「考え方」は、事前にしっかりとみんなで共有し合意しておこうと徹底するようにした。

「結果」だけではなく、みんなで「考え方」を共有するようにしたところ、僕がいなくても仕事は回り、マネージャーが細かく進捗管理をする必要もなくなった。さらに、決定事項に対する経緯や背景をいちいち説明する時間も減った。何より、取り組む本人1人ひとりが腹落ちしながら仕事を進めるので、生産性が格段に上がったのだ。


一例として、子どもが生まれたとき、僕は育児休暇を取った。その間、ほとんど社員たちと仕事のやりとりはせず育児に専念したが、これは僕がいなくても会社が回る仕組みができていたおかげだ。組織として意思決定の「型」をもち、考え方を共有していたから、僕も安心して仕事から離れることができた。個人的には、もう少し長く休んでもよかったかなと思っているくらいだ。

個人でも組織でも、意思決定の回数を減らす「型」づくりは、間違いなく時間の節約につながり、迷う頻度も減る。結果として、ものごとがスムーズに運ぶ一助となる。

「決める」機会が少なくなると、迷う回数も減る

効率化できること、できないことを見極める

ものごとには効率化できる部分と、できない部分がある。

だから、**何に時間や労力をかけないか、逆に何に時間や労力を惜しまないかといった見極めが、とても重要になる。**

ｆｒｅｅｅという会社は、クラウド会計ソフトというサービスに始まり、バックオフィス業務の効率化に徹底的に注力している。それが僕たちの強みでもある。ゆくゆくは、バックオフィスに関連するすべての業務の「効率化」にフォーカスして、中小企業や個人事業主のバックアップをしたいと考えている。

そういった会社のビジョンやミッションがはっきりしているので、僕自身も「効率がす

べての人」と思われることがあるようだ。たしかに、非効率なことは嫌いだし、さまざまなことで「効率化できないか」と考えている。でも、なんでもかんでもいっしょくたにしてはいけない。

たとえば、**人と人とのコミュニケーションを効率化するのは、なかなか難しい**。だから僕は、人間関係にはある程度の時間の投資が必要だと思っている。時間もお金もそれなりにかけるべきだと。それは、そのほうが合理的だから。それに仕事がしやすい良好な人間関係を構築することで、結果的には仕事の生産性も上がる。

グーグルでは、チームビルディングに多額の投資をしていた。でもそれは、フィロソフィというよりは、そのほうが合理的だと判断してのことだろう。仕事のあとに職場の人と行く食事でも、みんなが参加しやすいようにオフィシャルなイベントにしたり、「スキートリップ」と言ってチームごとに旅行をしたり、「チームビルディングのため」とはっきり目的をもって取り組んでいた。

人脈づくりの大切さをわかっていて、そこに合理的に取り組むことでいかに仕事をしやすくするか、というところまできちんと意識していたわけだ。これは、もしかすると、単に日本と欧米のカルチャーの違いというか、社交に対する考え方の違いというところも大きいかもしれない。でも、「仕事のしやすさ」を考えると、チームビルディングへの投資は、国を問わず合理的で大事なのではないかと思っている。

今、ｆｒｅｅｅの社員は３５０名以上いる。毎月その人数は増えているけれど、僕はほぼ全員のことを覚えているつもりだ。全社員と接点があるように、意識的にそういう機会を設けているからだ。

たとえば中途入社したメンバーは、初日にまず「自己紹介カード」をつくる。そこには、その人が前職でどんな仕事をしていたか、ｆｒｅｅｅでは何をするのか、どんな目標があるか、趣味やモットーは何かなどといったことが書かれている。プロフィール写真とともに、その「人となり」がよくわかる資料をつくってもらうのだ。

プロフィールはパソコンやモバイルでも閲覧できるので、僕も含めてｆｒｅｅｅのメンバーはみんなこのカードをふだんからよく見ている。それで、「あの人か」と覚えやすいし、声もかけやすくなる仕組みとして機能している。

テクノロジーの進化で、今は便利なデジタルツールが豊富だ。人間関係のように効率化できないものの中にも、「紹介カード」のように、一部を効率化して生産性を高める工夫はいろいろとあるはずだ。

入社したメンバーにはその後、僕自身が行う60分の研修がある。そこで直接、ミッションや価値基準など、会社のＤＮＡとなる部分を伝えるのだ。これは毎月実施している。それからその後、親睦会も開いて、その人の顔を目にする機会を少なくとも3回はつくって覚えるようにしている。

あと、年に何度かメンバー全員で合宿や旅行をするが、これもそのための投資の一環だと考えている。人と人とがつながりやすくなることで、仕事の生産性が間違いなく上がるからだ。

効率化できないこともあると認識したうえで、どうすれば合理的に生産性を上げられるかという発想を忘れないことが大切である。

人間関係には、時間の投資も必要

見栄を張らない、遠慮しない

「相手からどう思われるか」

これを気にしすぎてばかりだと、生産性を大きく下げてしまう。「これを言ったら、あの人はどう思うだろうか」というのは、誰でもある程度は気になるものだろう。ただ、**「他人の目を気にすると時間が奪われる」という事実も、しっかりと認識しておく必要がある。**

「他人からよく見られたい、よく思われたい」という気持ちが強すぎると、見栄を張ったり遠慮したりすることにつながっていく。それで時間や労力を余計に奪われるのは、生産的ではないし、すごくもったいないことだと思う。

日々のメールの返信だってそう。「このメールに即レスしないと、(相手は)気にするかな」「こう書いたら、(相手に) どう思われるかな」と相手のことを気にし出すとキリがないし、考えれば考えるほどすごく時間がかかるものだ。

だから、僕はメールの返信に時間はかけない。時間よりも、文章の量よりも、書いているときの気持ちでいつも勝負している。断りを入れるメールでも、「メッセージは短くても、これを書いているこの瞬間、僕はすごく申し訳なく思っています。送信!」という感じだ。

見栄ということで言うと、その原体験は小学校の授業参観にある。そもそも形式的なことが大嫌いという性格もあるけれど、そのためだけにふだんはやらないようなところまで掃除をしたり、大人はすごく着飾ったり、授業参観という本来の目的を通り越して取り繕《つくろ》っている感じがとても嫌だった。「ふだんの授業の風景を親に見てもらうのが目的なのに、ふだんの様子を見せていないじゃん」とすごく違和感があったからだ。

遠慮をしすぎるのも、見栄を張るのと同じくらいもったいないことだと思う。たとえば、会社員時代、僕は年の離れた偉い人が得意だった。そういう人たちに、僕はいつもなんとなくかわいがられていた記憶がある。それはおそらく、あまり遠慮をしないからだ。褒めたりするわけでもなく、「もっと、こういうことをしたほうがいいんじゃないですか」

というように、生意気にズケズケとものを言っていた。

大きな会社では、年が離れていたり、大きな肩書きをもっていたりする人になるほど、周りが率直な意見をなかなか言わなくなるし、若い人たちもあまり話しかけてこないので、そういう僕の態度が珍しかったのかもしれない。

ただ、僕からすれば、本質的によかれと思っているから言っているわけで、偉い人たちにどう思われるかというのはあまり重要ではなかった。だから遠慮なく発言していたけれど、多くの人は立場を気にして何も言わない（言いにくい）かもしれない。

「何も言わない」のは「考えていないから何も言わない」のではなく、きっと「すごく考えた結果、言わない」というケースも多いのだと思う。でも、それは「（時間をかけて）すごく考えた結果、（遠慮して）結局言わない」ということだから生産的ではないし、すごくもったいないことに思える。

それに、僕の経験上、実力のある人ほど「率直にものを言ってくれて、この人は付き合いやすい」と好感をもってくれることのほうが多い。「遠慮しない」は、むしろプラスの面が大いにあるのだ。

他人の目を気にする自分を排除することで、そのために使っていた時間が減るわけだか

ら、新たな時間が捻出できる。そうして本当にやりたかったことに時間を使えるようになれば、習得まで時間がかかることに打ち込めるし、新しいことや難しいことにも挑戦できる。そうすれば、生み出す成果のインパクトだって大きくなる。

他人の目を気にする自分から抜け出すことは、人によっては難しく感じるかもしれない。でも、そこから抜け出せないと、必要以上のプレッシャーを自ら生み出したり、さらにそのプレッシャーで身動きがとれなかったりする。

「あまり見栄を張らずにやろう」「気にしすぎないようにしよう」と決められるようになると、発言や行動もシンプルで合理的になる。そうして創造的なことに時間が使えるようになれば、３か月で取り組むチャレンジはもっと楽しくなるはずだ。

相手のことを気にしすぎると、お互いの生産性を下げる

その「時間の使い方」は、お互いのためになるか？

「当たり前と思ってやっているその行動は、本当にお互いのためになるのか？」

メールやミーティング、アポイントなど、ふだんとくに深く考えることなく形式的にやっていることがあるとすれば、一度こう問いかけて振り返ってみたほうがいいかもしれない。**その何気ない行動が、相手の大切な時間を奪っている可能性があるからだ。**

日本では「お会いしてご挨拶を」「お会いしてご説明を」という慣習が非常に強い。しかし、これが本当に相手に対する敬意につながるかどうかは、「生産性」が課題となっている現代においては疑わしい。

よく、日本のビジネスマンが、シリコンバレーなどにいる海外の起業家に表敬訪問のアポイントを入れようとして、相手をうんざりさせたり、怒らせたりするという話を聞いたことがある。ほぼ観光地化している大きな企業であれば、訪問者も歓迎されるが、小さなスタートアップともなれば、当然余裕があるわけでもなく、お互いの時間をとって「挨拶だけ」をすることに意義を見出さないだろう。

もし、シリコンバレーの企業がどういう状況なのか相手に時間を割いて聞かせてほしければ、少なくとも何か相手のためになる土産話の1つでも用意することが必要ではないだろうか。純粋に相手の時間を奪うわけだから、それを穴埋めできるレベルの話題を相手に提供するという発想が必要だと僕は思っている。

グーグルでは、ミーティングに出席する意味がないと思われると、平気でキャンセルされたし、ミーティングの途中でも自分が出席する意味がないと思えば退出できるという権利が明文化されていた。

アカデミックな世界の出身の人が多いということもあって、「そんなムダな時間があるなら、もっと付加価値の高いことに使わせてくれ」という意思表示をはっきりとされるのだ。「この人に聞けばわかる」ということも、尋ねたところでいちいち教えてはくれない。何かを誰かに聞くと、チャットでリンクが送られてくるのがいつものことだった。「リンク先にあるドキュメントを読め。読めばわかる」ということなのだ。

何度も人が同じ説明をするよりも、自分で読んだほうが早くて効率的というわけだ。それに慣れてしまうと、お互いの時間を大切にするという意味でも、それは本当に合理的でいい考え方だったと思う。


暗黙のルールやマナーとして送るメールにも、一度意識を向けてみるといいかもしれない。挨拶のメール1通でも、「自分と相手の時間を節約するため」という発想で送れば、想像以上に生産性の高い結果につながることもある。

たとえば最近、かつてお世話になったけれど、しばらく会っていなかった人が話題にのぼったことをきっかけに、近況報告も兼ねてメールをすることにした。

会って話す約束もできたけれど、会う時間やその段取りをする時間を考えれば、自分も相手にとってもよほど時間の節約になると思ったからそれは避けた。

それに、「久々のご挨拶」ということで送れば、きっと相手も内容を読んでくれるだろうと思ったのだ。だから、ビジネスとプライベートの近況をコンパクトに書いてメールで送ることにした。

すると、相手から返信があったばかりか、「こういうことを一緒にやろうよ」とビジネスの提案があった。それで、「じゃあ、それは誰々と話をつけておきます」というふうにとんとん拍子で話が進んでいったのだ。これは、結局お互いのためになったし、本当にスムーズなやりとりだったと思う。

良好な人間関係をつくるには、ある程度の時間の投資は必要になる。でも、かたちにとらわれる必要はまったくない。**「その時間の使い方は、お互いのためになるか」「お互いの時間を奪わないか」という発想で行動していると、おのずと生産性も高くなる。**

形式的で非効率なことは意味がない

「わかりやすく書く」と、意思の疎通が早くなる

伝えたいことを、きちんとわかりやすくコンパクトに書く。

とても当たり前のことのようでも、じつは、これは人によって大きな差が出るスキルだと思っている。とくにメールはみんな時間のないなかで読むことが多く、最後まで読んでもらえるか、誤解のないように伝わるか、流し読みしただけで意味がわかるかなど、そのためにはいろいろな工夫が必要になる。

グーグルでは、この「メールを書く力」がとても重視されていた。エンジニア特有の文化ということもあり、「これはどうやるんですか？」と聞いても誰も教えてくれず、関連記事のリンクだけが返ってくる環境だったから、質問の意図を端的にわかりやすく書けるかどうかは死活問題だった。

それに、日本とサンフランシスコやロンドンというように、物理的に離れた人たち同士で仕事をすることの多い環境だったため、「わかりやすい表現でメールが書ける」というのは当たり前ではあるけれど、かなり重要なスキルになる。

社内にも、過去の名文集のようなものがあった。グーグルに入社すると、「最初に読んで」と渡されるリンク集があり、その中にお手本とも言うべきメールやメモの過去の事例が載っていた。それらを見ていると、グーグルという会社では「メールを書く力」が大事なスキルとしてはっきりと受けとめられていることがよく理解できた。

「この文章はわかりやすいだろうか、これを読んだ人は行動してくれるだろうか」。そういうところまで意識してメールを書ける人というのは、おそらくコミュニケーション能力がとても高い人だろう。

そういう人のメールは、新聞のようにまず件名で内容がすぐにわかり、最初の数行を読んだだけで主旨がつかめるというのが特徴だ。

メールの件名で言うと、「ACTION REQUIRED（必ずやってください）」と書かれてあれば、メールを開けざるを得ない。「あなたにこれをやってほしい」「すぐに読む必要がある」「受け取ったらアクションしてね」というように、相手へのリクエストがすべて件名に書いてあるメールは、開封される確率が高くなる。

ほかにも、すごく目立った成果がそのまま件名に書いてあるメールもいい。みんなその成果を知ることになるし、そういうインパクトのあるものは、「おめでとう」「すごいね」というようにみんなからのリアクションがけっこう返ってくるものだ。だから、どんどん受信トレイの上位に上がってくる。すると、見る必要のないものでも、盛り上がっているな、と気になって最終的には開封することがある。

ところで、次のものは、僕が思わず開封したメールのタイトルの一例だ。

・【確認依頼】申告ｆｒｅｅｅの年調／法定調書機能を法人に開放したいと考えています
・○○株式会社に訪問して泣きそうになった話
・名字が変わります
・ｆｒｅｅｅによせられるフィードバック５選
・××機能を使って腹が立った人は、意見を投稿してください
・ぶっちゃけ今の製品戦略について不安をもつあなたへ

いずれにしても、タイトルはメールの要旨がわかって、中身を読んでみたくなるもの、というのが共通点だ。一般的にありがちな「企画書について」や「お礼」という件名では、グーグルやｆｒｅｅｅでは読んでもらいにくい。

ちなみに、メールがたとえ開封されたとしても、結論がよくわからないまま最後まで読んだあげく、「予算が取れませんでした」といった残念なオチしかないものは論外だ。そもそも最後まで読んでもらえない可能性が高いし、周りの信頼もきっと失う。

メールは毎日当たり前に使っているので、その書き方の善し悪しはそれほど重視されていないかもしれない。けれども、**「読めば一瞬でわかるコンパクトな文章」というのは、とても強力な武器になる。**多くの人に対して影響力を発揮したいのなら、「メール力」を侮《あなど》らないほうがいい。

「ひと目で伝わる」は強力な武器になる

メールは「仕分け」が肝心

僕のメールボックスには、1日に1000通以上のメールが届く。

このメールをどう扱うかで、1日の生産性は大きく左右される。はっきり言って、すべてを開封して読むことはできない。それに、読むべきものを絞り込んだとしても、それを1通ずつ開封して読んでいたら、本来やるべき業務になかなかとりかかることはできない。スケジュールもどんどん遅れてしまう。

だから、メールを首尾よく仕分けて、効率的に読むために、自分なりのルールや工夫が欠かせない。

「読む」と判断するものは、メールの機能を利用したり、件名で判断して仕分けることで、最終的にはだいたい1日100件ほどに絞られる。

それに、「読む」と判断した100件のメールも、その日のうちにすべてを開封するわけではない。その中から「すぐ読むべきもの」「すぐ読んで返信するべきもの」だけを選んで受信トレイに残すのだ。

そして、すぐにリアクションをする必要がない残りのメールは、「あとで読むもの」として置いておき、受信した当日には開封しないことにしている。

そのためには、まず1000通の件名のタイトルだけを一気にダーッとチェックする。メールの件名を流し見るのは、僕にとっては新幹線の電光掲示板で流れるニュースの見出しを見るのと同じような感覚だから、1000通といえども大した負荷にはならない。

件名を読んだだけで「こういうことが起きているのか」と結論がわかるものも多いから、そこで「開封しない」「明らかに見なくていい」と判断したものはどんどん削除していく。

メールの件名をチェックするなかで、「もっと詳しく知りたい」と気になるものもある。どうしても気になる場合は、その場で開封して読むこともある。ただ、気の向くままに開封していると、その後のスケジュールが遅れる可能性が高くなるから、できるだけ「仕分け」に集中するよう意識している。

ちなみに、フィルター機能をフルに活用して「その日の仕事に関係がない」とわかっているメールは、受信トレイではなく別のトレイにあらかじめ自動的に振り分けるようにしている。

たとえば、届くメールには僕個人というよりも、僕がメンバーとして入っているグループに対してくるものも多い。グループによっては、もうほとんど僕自身には関わりのない内容のメールもあるし、あくまで参考情報として送られてくるものも少なくない。だから、そういう情報は専用のトレイに振り分けておくのだ。

そうすれば、グループごとの重要度は自分の中でわかっているから、そのトレイにあるメールは、件名を見て、「読む」「読まない」の判断が即座にできる。そうすることで仕分けがよりスピーディーになるのだ。

開封する必要のないものを削除し、「あとで読むもの」をすべてアーカイブしていくと、受信トレイには、おのずと「すぐ読むべきもの」「すぐ読んで返信するべきもの」だけが残ることになる。つまり、受信トレイに残ったメールそれ自体が、TO DOリストとして機能するのだ。

そこまでできれば、あとはその「リスト」に従ってやるべきことを片づけるだけだ。僕はこの一連の仕分けを、だいたい出社したあとの30分で片づけている。

一方で、「あとで読むもの」は、日曜日の夜に1時間から2時間ほど確保して、1週間分をまとめて開封している。これはグーグル時代からの習慣だ。

週末のこの時間を確保することによって、平日のメールにかける時間を必要最小限に済ませることができるからだ。ただ、子どもが生まれて育児休暇を取ったあとは、平日と週末でもっとメリハリをつけて仕事をするようになった。最近は、メールチェックのために確保する週末の時間は、さらに短くなっている。

毎日使うメールだからこそ、効率化するルールを工夫し、ふだんから見直していくことで、本来やりたいことや創造的なことに集中する時間が生まれる。

その日の「やるべきこと」に集中する仕組みをつくる

作業の「生産性」を意識する

やりたいことがいっぱいあるのに、時間が足りない。

しかも、目の前の事務的な作業がなかなか終わらずに、自分が本当にやりたいことになかなかたどりつけない。そう感じている人は、**事務的な作業がもたらす充実感の錯覚に取り込まれている可能性がある。**

昔、学生のころに学習塾でアルバイトをしていたとき、ひたすら採点をしている時間がすごく気持ちよかったことを今でも覚えている。ただ当時は、その理由がいまいちよくわからなかった。

でもその後、インターンでデータ分析の仕事をしていたとき、その理由に気がついた。

インターンをしていた現場では、いろいろなものの自動化を進める一方で、やはり手作業でやらなければならないルーティンなものも、まだまだたくさんあった。そういうなかで、誰かが「でも、こうやってひたすらグラフをつくったり、数字を確認したりする単純作業ってわりと気持ちいいよね」と言ったのだ。

僕は、一瞬何のことを言っているのかわからなかった。でも、たしかによくよく考えてみると、事務的な作業は気持ちいいのかもしれないと腑に落ちた。

事務的な作業に2時間くらい無心になって取り組んで気がつくと、「わっ、こんなに進んでる！」と驚くことはないだろうか。つまり、明らかにものごとが進んでいるのがわかるから、何も考えずにどんどん成果が出るから、だから事務的な作業は気持ちがいいのかと納得したのだ。

ひたすらエクセルの表のフォーマットを整えるだとか、グラフをつくるだとか、アンケートの自由回答を読んでそれを分類するだとか、そうやってひたすら作業をこなしていると、目に見えて片づいたり整ったりしていくから気持ちがいいのだ。

メールの返信も、てきぱきこなしていると受信トレイからどんどんメールが減っていく。だから気持ちがいいのだ。

事務的な作業自体はあまり創造的ではないし、生産性も高くはないけれど、なんとなく達成感があるので、気持ちがいい。だから、あっという間に時間が過ぎてしまうのだと気がついた。

これはちょっとしたことかもしれないが、僕にとっては大きな発見だった。事務的な作業のように「頭を使わずにどんどんものごとが進むのは、気持ちがいいことなのだ」と気づいてからは、仕事に対する向き合い方が変わった。

うんうん悩みながら企画を考えるより、淡々と目の前のレシートをすべて登録して経費精算するほうが、その時間は絶対に気持ちがいいはずだ。でも、新しい価値を生む企画を考えるほうが、生産性は明らかに高い。

だから、**事務的な作業は「充実感があるわりに生産性は低い」とはっきり意識しておく必要があるのだ**。気がつかないうちに、時間をどんどん使ってしまうからだ。

すぐに返さなければならないメールなどもあるわけで、もちろんそれを完全に避けるのは難しい。それに事務的な作業も、リフレッシュとしてあえてこなすのはいいかもしれない。ただ、本当にやりたいことをするうえでムダな時間だとしたら、意識しだいで、本当は減らせる時間だとも思っている。逆に、意識しないと、いたずらに時間は過ぎていくとも言える。

僕が、日曜日の夜に1週間分のメールをまとめてチェックする時間を設けて、平日は「すぐやらなければならないこと」に集中するのも、あることを意識しているからだ。それは、**どの仕事もグダーッといっしょくたに進めるのではなく、生産性の高いことに使っている時間と、淡々と作業をしている時間は、きちんと自ら理解して使い分ける必要があるということだ。**

事務的な作業は、なるべくまとめて効率的にこなすようにしていかないと、日々の時間はどんどん奪われていってしまう。「目の前のことに追われて時間がなくなる」という人ほど、もっとシビアに事務的な作業と向き合ってみてはどうか。すると、本当にやりたいことを追いかける時間をつくるための大きな糸口が見えてくる。

生産性は低いのに、充実感のある「事務的な作業」の錯覚に陥らない

ときに「見切り」をつける

楽しくないと続かない。続かないと成果も出ない。

テーマ設定と同じように、実際に取り組んでみて自分自身が楽しんでいるかどうかもまた大切だ。とくに、最終的なゴールがかなり先にある場合、3か月間取り組んではみたものの、一向に面白さが見出せない、楽しめないというのであれば、ときにはテーマに見切りをつけることも必要である。

僕が広告代理店を辞めて転職した理由も、そこにある。「これぞ広告代理店の仕事」とも言える広告制作にまつわる仕事を僕はあまり楽しんでいなかったのだ。

たとえば、広告代理店時代に僕にとって一番楽しかった仕事は、「店舗にどれだけ投資したら、どれだけリターンが返ってくるか」を徹底的に定量的に検証してみようという仕事であった。「マーケティング投資」として広告以外に投資することの効果について、徹底的に分析するというプロジェクトであったから、ある意味自分たちのビジネスモデルを否定するような内容でもあった。

一方、肝心の広告制作に関連する仕事は、やってみるとあまり興味をもてなかった。広告代理店で働いている人の多くは広告が好きだ。クリエイターでなくとも、「こんなアイデアはどうか」「この広告はもっとこうすればよいのに」「このコピーはどうか」など強い意見をもっているし、その議論をすること自体を楽しんでいる。

今でこそ時代は変わってきているかもしれないが、広告制作の現場では、広告表現の企画をつくるのに非常に長い時間を使って議論する。入社して1年目くらいだっただろうか。ある企画会議で、「どちらのタレントが今回のCMによりふさわしいか」という議論をしていた。僕はとくに意見がなかったのだが、議論が紛糾してきたので、会議の参加者全員が順番にどちらがよいか意見を述べることになった。このとき、僕は本当に困ったし、それに加えて気づいてしまった。自分が「本当にどっちでもよい」と思っていることに。そして、周りには自分のように冷めた人は1人もいないことに。

「好きこそものの上手なれ」という通り、広告を楽しんでいる人こそ、やはり話の引き出しも多いし、モチベーションも高く、微妙な差異も敏感に感じ取れるし、結果としてよい仕事ができる。広告代理店での新人研修は今でも強く心に残っている。中でも印象深かったのは、コピーライティングの研修だった。

1週間、ある商品についてのコピーを考え続け、とにかく多くのコピーをつくるのがミッションだ。僕にとっては当然、とても苦痛な研修であったのだが、これ自体は今でも役に立っていると思う。それはつまり、「アイデアを数多く出す」というのはスキルであるということだ。それに気づいたことで、数を出すこと自体に慣れていけば身につけることができ、広告にかぎらずあらゆることを企画するうえで役に立つのだと。

こういった気づきに「広告を楽しむ」才能が重なれば、いいアウトプットを出せるようになっていくのではないか。けれども僕の場合は、「中小企業を強くする」「難しいこと、面倒なこと、大変なことから開放されるようになるにはどうしたらよいか」といったことを考えることのほうが楽しい。そのフィールドならば、どれだけアイデアを出すことも苦ではない。

だからもし、**自分が取り組んでいるテーマを楽しんでいないのであれば、それに見切りをつけて、自分が楽しめるもの（それはつまり自分の才能を発揮できるもの）を探すのがよいと思う。**これまで身につけたスキルも別のフィールドでも活きるかもしれない。

「見切り」ということで言えば、自分が起業したときもそうだった。もともと、1年半くらいやってみて何も可能性が見えてこないようであれば、見切りをつけてやめようと、起業した仲間と最初から話していた。

ただし、「freee」というクラウド会計ソフトを世に送り出すテーマにワクワクしていたからこそ、しばらく成果が出なくても楽しみながら続けられるという自信もあり、迷わず前に進めた。さらに楽しさに拍車がかかって、今もこうして続けていられるのだと思う。

「才能」とは、楽しみながら続けられること。楽しめる対象は人それぞれだ。目標に向かって進むか、見切りをつけるかどうかの意思決定で迷ったとき、「楽しい」は1つの判断基準になる。

続ける基準は、自分が楽しめるかどうか

第5章

3か月の「生産性」を高めるスケジューリング

プロジェクトは同時並行せず、一点集中

同時並行はなるべく避ける。

これは、プロジェクトを確実に前に進めるためのポイントの1つだと僕は考えている。とくに3か月で何らかの成果を出すには、1日あたりそれなりの時間を注ぐ必要がある。高度な思考を伴うものや、新しい価値を生み出す場合はなおさらだ。

だから、なるべく同時並行はせず、1つのテーマに集中して効果的に時間を使うことが重要になる。それに、ある程度1つのことに集中しないと実効性も高まりにくい。

たとえば、仕事でも複数のテーマを並行して進めようとすると、お互いのプロジェクトを言い訳にしてそれぞれが進まなくなる可能性が高くなる。

3つのプロジェクトがあるとすれば、「Aをやろう、いや調子が悪いからBにしよう、でもやっぱりCが先だな」という具合だ。「どれにも集中していない」というムダな時間を過ごすことになりかねない。それについつい、やらない言い訳をつくってしまう。そのくらい人間は本来怠け者だと心得ておくほうがいいかもしれない。

もし、いくつかのテーマを並行せざるを得ないなら、まず「Aが忙しかったから、Bはできませんでした」という状況に陥らないようにする。細かく計画をつくるなり、どこまで進んでいるかを確認するためのマイルストーンを立てるなりして、「今すべきこと」に集中するための工夫が欠かせない。

僕自身も、なるべく「1つ終わらせて、また次1つ」というやり方をするようにしている。これは1日の時間の使い方に関しても同じだ。たとえば、30分に一度メールを確認しては業務に戻る、といったことは集中力が途切れて効率が下がるからやらない。

スケジュールは細分化せず、1つのことに集中するために、1時間や2時間といったまとまった時間を確保する。そして、その時間はやると決めたことをできるだけ続ける。**生産性を高めるためには、一度決めた時間の使い方を、なるべく崩さないことが肝心だ。**

そして、取り組む内容にもよるけれど、基本はフルタイムで臨むほうが圧倒的に効果的だ。片手間では中途半端になりがちだからだ。

「このテーマは3か月間楽しんで取り組みながら続けられるか？」と見極める意味では、週の半分以上の時間を使えているかどうかが1つの目安になる。僕のこれまでの経験で言うと、3か月間取り組むときに、週に15時間以上は使うくらいでやってみないと、続けるのかやめるのか判断する検証作業にはならないからだ。

もし、それなりの覚悟で取り組むと決めたテーマなのに、週の半分以上の時間をかけられない、あるいはかけようとしていないのならば、自分の中でそのテーマの優先順位が下がっていることを自覚したほうがいい。中途半端な取り組み方だと、うまくいったときはもちろん、うまくいかなかったとき、次に活かす検証材料にはなり得ない。

新たな価値を見出したり、一流と言われるようなスキルを身につけたりするために3か月間取り組むならばなおさらだ。その場合は、やる日とやらない日があるということではなく、習慣にするくらいの意識で、ほぼ毎日取り組む必要がある。

例外はもちろんあるけれど、それを言い出すとキリがない。だから、なるべく例外をつくらないよう一定のペースをつくることが大切になる。

「クラウド会計ソフトfreee」のアイデアをかたちにした3か月間も、グーグルで働く時間の前後を使って、1日だいたい8時間くらいはそれに注いだ。さらに起業してからは、（迷っていた時期を除いて）1日15時間くらいカンヅメになってプログラミングに取り組む生活を9か月くらい（3か月×3）続けていた。

「このプロジェクトを必ずやり遂げたい」と強く思うなら、まずはまとまった時間を確保して、「一点集中」することだ。

片手間でやると中途半端になりがち

決めた計画には遅れない

いったん決めたら、その計画には遅れない。

これは僕が日ごろから、かなりこだわっていることだ。学校や会社だと、誰かが締め切りを設けて管理してくれたりするが、起業もそうだが、誰かが管理してくれない状況なら、なおさら計画に対してシビアになる必要がある。そうしないと、いくらでも予定は遅れていくからだ。

とはいえ、気持ちがあまり乗らないときもある。そういうときはどうするか？　僕は**「やらないと人に迷惑がかかる」から、そうならないようにすることで自分自身の計画を守るように仕向けている。**

たとえば、「もしスケジュールに間に合わなかったら、何か1つ別の予定をキャンセルしないとダメだ」というプレッシャーを自分に与えるのもその1つ。そうして、できるかぎり予定通りこなせるようにしている。

プレッシャーにもいろいろあるけれど、「人に迷惑をかけない」というのは、僕自身は一番効きめがある。とくに拘束力のあまり強くないテーマや用件に取り組む場合、もし予定に遅れたとしても、誰に迷惑をかけるわけでもないし、誰にお尻を叩かれるわけでもない。他人を巻き込んでいないだけに、自分に対する甘えが出てしまいがちだ。

だからこそ、**そのスケジュールに乗り遅れたら結果的に誰かに迷惑をかけてしまう、というプレッシャーとセットでスケジューリングをする。**そして、バッファの時間はあえてつくらない。もしバッファの時間をスケジュールに組み込めば、いずれその時間を必ず使ってスケジュールをこなすようになるからだ。

ｆｒｅｅｅでは、僕も含めてメンバー全員のカレンダーが社内で公開されている。つまり、メンバーであれば誰でも自由にみんなの予定を見ることができるのだ。そういうふうに自分のスケジュールを見せることは、周りに対するある種の「宣言」にも近い。これも、「予定に遅れられない」という、ほどよいプレッシャーにつながる。

何かものごとに取り組む際には、前向きに頑張ろうと集中できる雰囲気づくりも大切だ。僕が起業した直後の話で言えば、毎日仲間のみんなで僕の部屋に集まって、クラウド会計ソフトの開発にあたっていた。朝に集まり、「今日は何をやって、どこまで進めよう」とみんなで合意しながら取り組むと、みんな必死にやっているから自分も頑張ろうとする。それに、もし誰かが予定に遅れていたらフォローする雰囲気が自然とできた。

これも、「自分が予定に遅れたら人に迷惑をかける」というプレッシャーがほどよくお互いに働いていた結果だと思う。もしあのとき、それぞれが別々に自宅で作業をしていたら、みんな途中で気がゆるんでいたかもしれない。

予定に遅れない、人に迷惑をかけないという意味では、僕自身が人を振り回さないようにも注意している。

たとえば、会社の組織が大きくなるにつれて、僕が思いつきであれこれ言ってしまうと、みんなへの影響範囲が広がってしまう。みんなの予定外を生みかねない。だから、ミーティング中に何か言いたくなったとしても、すぐには言わないこともある。そのときは一度、心の中にとどめてみたり、メモに書き留めて寝かせたりしている。

また、**のめり込んで予定に遅れる可能性を高めるSNSも、意識的につながらない時間**

をつくり、決めたペース以上には見ないようにしている。見るのはだいたい1日に2、3回で、時間にして10分から20分くらいだ。

身の回りや、友だちに何が起こっているのか気になってSNSを見ること自体は、とくに悪いとは思わない。ただ、SNSにつながる頻度や時間が多いと、次にやるべきことを忘れたり、それまで考えたことが吹っ飛んだりして、自分のペースも乱される。とくに考えごとをしているときは要注意で、SNSから自分をなるべく遠ざけるようにしている。

自分にプレッシャーをかけて、予定に遅れないことと同時に、楽しみながら取り組むのも重要だ。**基本的に、自分が組み立てたプランというのは能動的なものだから、それをどんどんこなしていく感覚は、本来とても気持ちがいいものだと思う。**「スケジュールをこなすことが気持ちいい」という感覚が自然になれば、本当にやりたいことのために捻出する時間をコントロールすることも楽しくなるはずだ。

バッファの時間は入れず、自分にほどよいプレッシャーをかける

無理なく続けられるペース配分にする

無理なく、ムラなく続くペースを意識する。

「クラウド会計ソフト freee」のアイデアをかたちにしようと、グーグルで働きながら取り組んでいた3か月間、僕はただただ楽しくてしかたがなかった。

夜中の1時まで作業して、朝の6時に起きるという生活だったが、すごく目覚めがよかった。グーグルで1日の仕事が終わった18時以降も、取り組めること自体がうれしくてずっとワクワクしていた。

1つのことに熱中していると、こんなふうについつい寝る間を惜しんでしまうことがある。僕もクラウド会計ソフトをなんとかかたちにしようと夢中だったから、夜中の1時を越えても、もっとやりたいと思う日々の連続であった。ワクワクしていると、ついついのめり込んでやりすぎてしまいがちだ。でも、そこで、無理をして徹夜でやってしまわないことがすごく大事だ。

やることばかりに目が向いて、休むことをおろそかにしてしまうと、疲れてペースが乱れてしまうからだ。数日や1週間くらいなら無理もきくかもしれないけれど、安定した生活リズムでなければ心身のバランスを崩すし、長期的には続かない。

大切なのは、無理をしすぎないこと。一定期間ものごとに取り組むなら、無理やムラはできるだけ排除する。「ｆｒｅｅｅ」の開発のときも、僕はむしろ「ちゃんと寝てペースを守ること」を意識していた。

3か月でひとかどの成果を出すためには、それなりにまとまった時間、集中して取り組むことが欠かせない。ただ、3か月はそこそこのボリュームのある時間の単位だから、無理のないペース配分をきちんと考える必要がある。そのためには、あまりバランスを崩さないようなペースでこなせるスケジューリングにする。

たとえば、**余裕のあるスケジューリングというのがその1つだ。**自分のスケジュールで実現できないものは、入れないようにする。つまり、カレンダーに入れられる以上のことは「できる」と判断してはいけないということ。無茶なスケジューリングは、いわゆるキャパシティオーバーを招いて、確実にペースが崩れる。

そうなると、せっかく楽しんで取り組んでいることでも、時間に追われて心理的に大きなプレッシャーがかかってしまう。スケジュールが押して、人に迷惑をかけることにもなりかねない。せっかくやりたかったことに取り組めているはずなのに、悲壮感が漂うなんて本末転倒だ。

体への負荷はもちろん、精神的なプレッシャーをあまり大きくしない意味でも、一定のペースをしっかり守るということが大切になる。

長く走り続けるために一定のペースを守るというのは、ランニングと似ているかもしれない。僕は週に一度、健康のためというよりは精神的なエクササイズとして、瞑想するような意味合いでランニングを続けている。走っていると迷いや悩みがあってもリセットできるし、複雑に考えていたこともシンプルに整理ができるからだ。

1回のランニングでだいたい5kmから10kmを走るのだが、ここでも一定のペースを超えないようにすることを大事にしている。心拍数が「180－（マイナス）自分の年齢」を超えないようにすることがポイントだ。だから心拍数を専用のデジタルツールで測りながら走るのだが、これがなかなか難しい。ちょっと走るだけで、すぐに目安の心拍数を超えてしまう。

本当にゆったりと走るのだが、何よりその無理のないペースを意識していると、「走るってこんなに気持ちがいいんだ」と心の底から実感できるし、実際に長い時間ずっと走り続けていられる。

3か月間ワクワクしながら取り組むのも、心構えとしては同じだ。「夜中の1時までやったら、必ず翌朝6時までは休む」というように、**しっかりとペース配分を決めて、ある程度以上のペースを超えないようにする。** それがひいては、3か月間、1つのテーマに取り組むための集中力や継続力にもつながっていく。

のめり込みすぎ、やりすぎにも注意する

「やらないこと」を決める

「やるべきこと」よりも、まず「やらないこと」を決める。

向こう3か月の行動に優先順位をつけるとき、僕はこのことを大事にしている。「この3か月ではやらない」「このジャンルには手をつけない」「こういうミーティングには出ない」「こういうことは人にお願いする」というように、まず「やらない」ことを先に決めてしまうのだ。

このことを、僕は起業してからとくに意識するようになった。インターン時代や会社員のときは、自分の役割やミッションはかぎられていた。でも、会社を経営するとなると、360度全方位型ですべてを決める必要に迫られる。それに、極端に言えば何にでも時間をかけてしまえる。

そのため、どこに重きを置いていくかという優先順位を決めておかないと、1日は24時間とかぎられているなか、キャパシティをオーバーしてしまって、ものごとがまったく進まなくなる。だから、自分がやる、やらない、の明確な「基準」が必要になる。

「やらないこと」を基準にフィルタリングしていくと、かなりの量の「今はやらなくてもいいこと」がそぎ落とされる。すると、「すぐできること、かつ絶対にやらなきゃいけないこと」がおのずとあぶり出されるので、そういう優先度の高いものをスケジュールに組み込んでいく。

ちなみに、メールのチェックや返信、重要なミーティングに参加するなど、明らかにやるであろうルーティンは、「やること」にわざわざ振り分けることはしない。睡眠時間と同じ位置づけで、むしろペースを決めて先にスケジュールを押さえてしまうことが肝心だ。

時間に追われて余裕を失わないためにも、**「必ずやること」をなるべく減らすことがポイントだ。**そのうえで、僕は3か月間取り組もうと決めたテーマに沿って、優先度の高いことを空いている時間に割り振るようにしている。

「チームの信頼関係の構築」が最も優先度の高いテーマであるときは、そのチームのメンバー1人ひとりとご飯を食べに行く予定を週に一度入れることもある。あるいは、新しいサービスの開発に全社的な投資をする場合、想定されるユーザーにお会いしたり、課題をヒアリングしたりする予定を定期的に入れる。

必ずしも3か月間ずっと1つのことだけをやり続けるというわけではなく、テーマに沿って柔軟にそのときどきで必要な「必ずやること」を決めている。

僕個人にかぎらず、freeeでは会社として**「向こう3か月の時間を、どういう優先順位で使うか」を「OKR（Objectives and Key Results）」によって管理している。**1月～3月、4月～6月というように、クォーター（四半期）ごとにOKRを設定して、優先順位を決める。それぞれの進捗しだいで、3か月後にプロジェクトやチームが変わることもある。

OKRとは、Objective（目的や大目標）を設定し、それに向かってものごとが進捗しているか、あるいはそれが達成されているかどうかを判断できるような、なるべく定量的に表現できるKey Results（結果指標）をセットし、その達成を目指してものごとを進めていく管理手法だ。たとえば、Objectiveが「世の中のためになる本を出版する」であれば、Key Resultsは「○月までに30ページ分の文章を書き、周囲の人に見せて、少なくとも6割の人が参考になったという内容に仕上げる」のように設定し、その達成のために頑張る。

通常は、全社レベルのOKRとそれにリンクする部署ごとのOKR、それにリンクする個人のOKRというものがセットされ、個人のOKRが全社にとってどんな意味をもつかも明確化されるため、とくに大きなことをチームで成し遂げようとする際に効果的な手法だと思っている。

自分のミッションを自覚して、OKRを意識しながら主体的に行動する、という日々の積み重ねが、3か月後に目標を達成できるかどうかを左右する。

これをうまく回していくには、**「やらないこと」を決めて、「やること」をシンプルにしておくことが大切だ。** すると、行動に迷いがなくなる。迷いがなくなれば生産性は上がり、何より適度に気持ちに余裕が出てきて、ゴールを目指す毎日もより充実したものになる。

本当にやるべき優先順位は、「やらないこと」を決めると見えてくる

「深い思考」をするための3時間

じっくり考えるための、まとまった時間をつくる。

深い思考をしたいとき、細切れの時間ではなかなかじっくりと向き合うことはできない。だから僕は、少なくとも週に一度は必ず3時間くらいのしっかりまとまった時間をとるように心がけている。

たとえば、経営について「長期的に何をするか」といった高い集中力が必要なテーマを考えるとき、ちょっと考えてすぐに結論が出るわけではない。ある程度のまとまった時間単位でないと、納得のいく一定の深い思考には到達できないことは身をもって実感している。

それに、そもそも人間の集中力はそれほど長くは続かないから、3時間あっても、その時間まるまる考え続けるというケースはむしろ少ない。それに、いくら「深い思考」をしようと思っても、いきなりできるわけではない。

しかし、**3時間あればその時間内に「深い思考」に入るための「助走となる時間」と「考えたことを整理する時間」も用意できる。**「深い思考の前後」にも十分時間を使うことができるのが大きなメリットだ。

じっくり考える前には、5分、10分でも、少し情報収集をして必要な情報をインプットする時間があると、アウトプットの質が大きく違ってくる。そして、じっくり考えたあとは、できれば結論をまとめたり、次につなげるための布石を打つところまでできるとアウトプットの質はよりよいものになる。たとえば、人に説明する資料をつくったり、結論を踏まえて相手とどんなコミュニケーションをするか想定するところまで含められるように。

まとまった時間があれば、ここまで生産性の高いアウトプットが望める。だから、よく「時間術」をテーマにした本で述べられている「緊急で重要なこと」ばかりに追われずに、「すぐにやらなくてもいいけれど重要なこと」も効率よく確実に前に進められるのだ。

ただし、ここであげた「3時間」というのはあくまで僕の目安であり、明確な根拠があるわけではない。重要なのは、**思考するためのまとまった時間もちゃんとスケジュールに入れることだ。**

実際に僕は、週の初めにあらかじめ「考える時間」も予定に組み込むようにしている。そのときのポイントは、同じ3時間であっても30分の予定を6回小刻みに確保するのではなく、できるだけまとまった時間単位でスケジュールを押さえることだ。

予定を押さえたら、あとはスケジュール通りに行動していく。その際には、「この3時間はこのテーマについて考えるためにアサインされた（割り当てられた）時間だ」と、しっかり認識して行動に移すことが大切になる。認識するのとしないのとでは、その時間の生産性が大きく違ってくるからだ。

たとえば、「3時間空いているから、とりあえず考えてみよう」となんとなく思っているとする。そういう場合は、たいてい気がつけばまったく関係のないことに考えを巡らせたり、ネットサーフィンをしてしまったり、気持ちのおもむくまま別のことに手をつけてしまっていたという事態がよく起こる。

有意義な3時間を実現するためには、まずスマホの音を切るなり、メールの画面は立ち上げないなど、なるべく邪魔が入らない環境に身を置くことが欠かせない。チャットやメール、電話、SNSなどで深く掘り下げた思考を中断されては、せっかく調整したスケジューリングも台なしになってしまう。

ちなみに僕は、5年後、10年後のｆｒｅｅｅという会社のあるべき姿を描くために、1週間くらい日常から離れて考える時間を年に一度つくるようにしている。事業戦略を練るために、山籠《ご》もりをして考えをまとめるのだ。もちろん、チャット、メールなどの連絡はいっさい絶って、情報のインプットと考えをまとめることにフォーカスする。

それくらい意識的に「考える時間」をとるべきだし、まとまった時間が必要だと思っている。**そうでなければ、目の前のことをひたすら片づけることに追われて、「すぐにやらなくてもいいけれど重要なこと」はいつもあと回しになりかねない。**

本当にやりたいことが高度な思考を伴うものや、新しく何かを創造していくものであれば、なおさらだ。チャレンジしたいテーマや突破したい課題があるのなら、まずは「考える時間」のスケジューリングからしてみてほしい。

週に一度は「すぐにやらなくてもいいけれど重要なこと」を前に進める

週2回「読書の時間」で深いインプット

人間らしいエモーショナルな時間を大切にする。

これは、僕がいつも心がけていることだ。喜んだり、感動したり、リラックスしたり、怒ったり、泣いたり、感情が強く自分を支配している、と認識できる時間を意図的につくるようにしている。

いろいろな感情の在り方や動き方を体験することは、いろいろな立場でものごとや状況を想像することにつながるからだ。「感情が動く」というのは、何かしらの刺激を心に受けている状態だ。そういう時間をある程度過ごしていないと、人は感情が鈍くなってしまう。しだいに自分や他人の気持ちをどう扱ったらいいのか、わからなくなるのではないだろうか。ビジネスだと、人がついてこなくなる事態を招きかねない。お客様の気持ちだって見えにくくなる。

僕は本を読んだり、映画を観たりするのも、いろいろな感情に触れる意味で、人間らしいエモーショナルな時間ととらえている。本や映画などには、深い思考や感情が詰まっているものも多いので、ふだんの生活のなかで人間らしいエモーショナルな時間を過ごす機会となる。

しかし僕は、起業して最初の2年くらいは、四六時中ビジネスのことばかり夢中で考えていた。土日も仕事のことを考えていたし、本を読んだとしても仕事に関係のあるものだけを選んでいた。そんなライフスタイルに何の疑問ももっていなかった。

あるとき、インターネット環境さえあればテレビでいろいろなコンテンツを楽しめる「クロームキャスト」を買ったので、ひさしぶりに映画を観ることにした。そのときは、たまたま『タイタンズを忘れない』というアメリカ映画を観た。高校のアメリカンフットボールのチームが舞台だ。白人の高校と黒人の高校が合併してしまったため、白人と黒人の混合チームとなった選手たちが、「肌の色が違う」という理由だけでいがみ合うのだが、スポーツを通じて少しずつ分かり合っていくというストーリーだった。

その映画を観たとき、自分の心の中でひさしぶりにビジネスの達成とは少し異なるエモーショナルな感覚を感じた。「あれ、感情ってこういう類のものがあったのか！」という発見とともに、「心が動く」という状態をしばらく忘れていた自分に気づいたのだ。

そのころ、社内のメンバーとうまく噛み合っていないような状況が少しあり、まずいなと思っていたときだった。だから、映画を観てエモーショナルな時間を過ごしたとき、「危ないところだった！」とハッとしたのだ。思い返せば、その2年間は自分の感情をあまり意識せず、大事にしてこなかった。もう少し人間というものを理解しながら仕事に打ち込むべきだったと反省した。

感情が鈍くなっていることに気がつかず、そのままあと1年くらい仕事を続けていたら、もしかすると鉄の心をもった超人的な仕事人間にはなれたかもしれない。けれども、そもそもそういう人間になりたくはないし、何より僕の周りから大事な仲間がいなくなるところだった。

エモーショナルな時間を意識してから、**読書はいろいろな感情や知識をうまく扱うための「心のエクササイズ」だと思っている**。使わない筋肉は育たないし衰えてしまうように、心にも定期的に刺激を入れることが大切だ。

だから僕は、週に2回は読書の時間をつくるようにしている。多くは土曜日の夜と、平日どこかの夜にとることが多い。いずれも1時間ずつくらい確保している。次に本を読むまでに2週間など空いてしまうと、せっかく時間ができても「どこまで読んだっけ？」と効率も悪くなるからだ。

週2回1時間ずつのペースで読んでいれば、「あの続きを読みたい」「ここから読み続けよう」と自分自身の関心が常に高い状態で読み進められる。それに習慣化していると、移動時間など「読書の時間」以外のスキ間時間でも、パッと続きから読み進めることができるのだ。

僕の場合は、子育ても人間らしいエモーショナルな時間の1つになっている。子育ては喜びだけではなく、子どもが急に泣き出したり、ぐずったりと思い通りにならないことも多い。そんなことも含めて、子どものいろいろな感情に触れられる時間は、自分の心をも育ててくれる。

エモーショナルな時間は、今後も惜しまずに過ごしたい。

読書は、いろいろな感情に触れる「心のエクササイズ」

「移動時間でやること」を決める

電車にただ揺られてボーっと乗っているのが、僕は昔から嫌いだ。

電車に乗っていると、何もしないでいる時間がもったいなくて、なんとかこの時間を有効に活用できないかといつも思う。だから、1人で電車に乗っているときには、たいてい読書をする。手もとに読むものがないときは、なんとか時間をムダにするまいと、中吊り広告を一生懸命、真剣に読んだりするほどだ。

大学生のころ、僕は通学に電車で片道90分、往復で3時間もかかっていた。起きている時間が16時間だとすると、5分の1ほどを移動に費やすわけだ。けっこうな時間になるから、そこは何か学ぶことをしないと本当にもったいない。それで当時は、移動中に簿記や数学の勉強をしていた。移動時間を強烈にもったいながる僕の原体験だ。

そんな経験もあってか、**電車であれ飛行機であれ、移動時間に何をするかを決めてスケジュールにも予定としてあらかじめ組み込むようになった。**移動時間がきたら「何をするんだっけ?」と迷うことなくすぐに実行に移すためだ。

1人で移動するときは読書をすることが多いけれど、考えをまとめるための時間として使うこともよくある。ただ、考えた結果、何かしらのアウトプットとして残らなければ、考えていないのと同じようなものだ。だから、考えた結果は必ず何かに書き出すようにしている。紙やメールの下書き、メモ機能の「グーグルキープ」など、とくにツールは決めていないけれど、そのとき一番近くにあるアクセスしやすいものに残しておく。

ちなみに、紙のメモはあとでデータで引っ張り出せるように写真を撮って、メールの下書きにデータで保存するなどしている。基本はデータで全部引き出せるようにしておかないと、あとで見つけられなくなったり、探すのに時間がかかったり、生産性が落ちてしまうからだ。

誰かと一緒に移動するときは、さすがに1人で読書や考えごとをするわけにもいかない。そういう場合は、往路は次の予定の「予習」をすることが多い。

たとえば、交渉や打ち合わせ先に向かう移動時間では、相手の現状や課題、何を話すのか、落としどころはどうするかなど、一緒に移動する人と話しながら準備をする。復路は「次のステップはどうする?」と今後の進め方を一緒にいるメンバーと話し合うことが多い。

たまにしか顔を合わせないメンバーと移動するときは、その人を通じて近況のキャッチアップをすることもある。

ある1つの同じ事実でも、人によって違う見え方をしていることはたくさんある。「そんなふうに見えているのか」「伝えているつもりだったけれど、まだ足りないな」というように、気づきがたくさんあるエモーショナルな時間になる。会社の戦略や方針、人事制度、会社全体として課題だと思っていることなど、その人の目を通して「今、どういうふうに見えているのか」ということを共有するためだ。

出張など比較的長い時間をかけて移動するときは、遠隔地にいるメンバーとプロジェクトについて「議論」することもよくある。その際は、クラウドサービスの「グーグルドキュメント」を使っている。

移動中もデータにアクセスして作業ができるので、複数のチームメンバーが参加しながら、チャットのような形式で資料に対してどんどんコメントを残すことができる。場所に関係なくみんなどこからでも同時に見られるので、「これは、どういうこと？」という質問に対しても即座にレスポンスができるのだ。

だから、新幹線の中でもリアルタイムに議論ができ、プロジェクトが進められる。テクノロジーの進化によって、クラウドサービスでコミュニケーションがとりやすくなったので、移動中であっても仕事の生産性が下がることはずいぶん少なくなった。

移動時間は何もしなければ、景色とともに時間もただ過ぎ去っていくだけだ。でも、**「何をするか」を自分で能動的に決めることで、インプットもアウトプットもそれなりにできる。**だから、移動時間のスケジューリングもバカにできない。

移動時間は能動的に使えば、生産性の高い時間になる

プランは「行動レベル」まで落とし込む

スケジュールには、行動レベルにまで落とし込んだものを入れる。

これは、デビッド・アレン著『Getting Things Done（邦題『仕事を成し遂げる技術』）』の中で提唱されているメソッドの1つだ。何か成し遂げたいことがあるとき、ものごとを進める際に自分に対して一番拘束力が高いのは、スケジュールに具体的に落とし込むことである、という。

「10月中旬までにやります」と「10月15日12時までにやります」というのでは、実現される可能性がまったく違ってくる。さらに「朝の歯を磨く前」「昼食の前」などのように、やるべきタイミングが明確なものほど実現される可能性が高くなる。月ごと、週ごと、日ごとの計画を立てながら、今日は絶対にここまでやろうと具体的に細かく落とし込まないと、なかなか行動には移せない。そして、これを全部カレンダーからナビゲートできるようにしておく。

僕がスケジュール管理で使っている「グーグルカレンダー」は、ドラッグ&ドロップで予定を簡単に自由自在に組み替えられるので調整が非常にしやすい。

さらに僕の場合、必要なドキュメントや読むべき資料など重要なことは、「グーグルカレンダー」のスケジュールの中に入れている。出かける予定があれば、住所や地図、電車の時間なども、必要な情報はすべて入れておく。これはｆｒｅｅｅ全社で共通でやっていることだ。

そうすると「あの資料はどこか?」「今日、あの人はどこにいるのか?」「このミーティングで何を話すのか?」といったことに、いちいち立ち止まるムダな時間がなくなる。カレンダーを見ればすべてが集約されているから、動きにロスがないのがいい。

決めたのにやらなかったり、どうしようかと迷ったりするのは一番非効率と言える。だから、予定を見れば実行しやすくなっていることが肝心だ。ちなみに、ある週の僕のスケジュールは次のような感じだ。

カレンダーの例

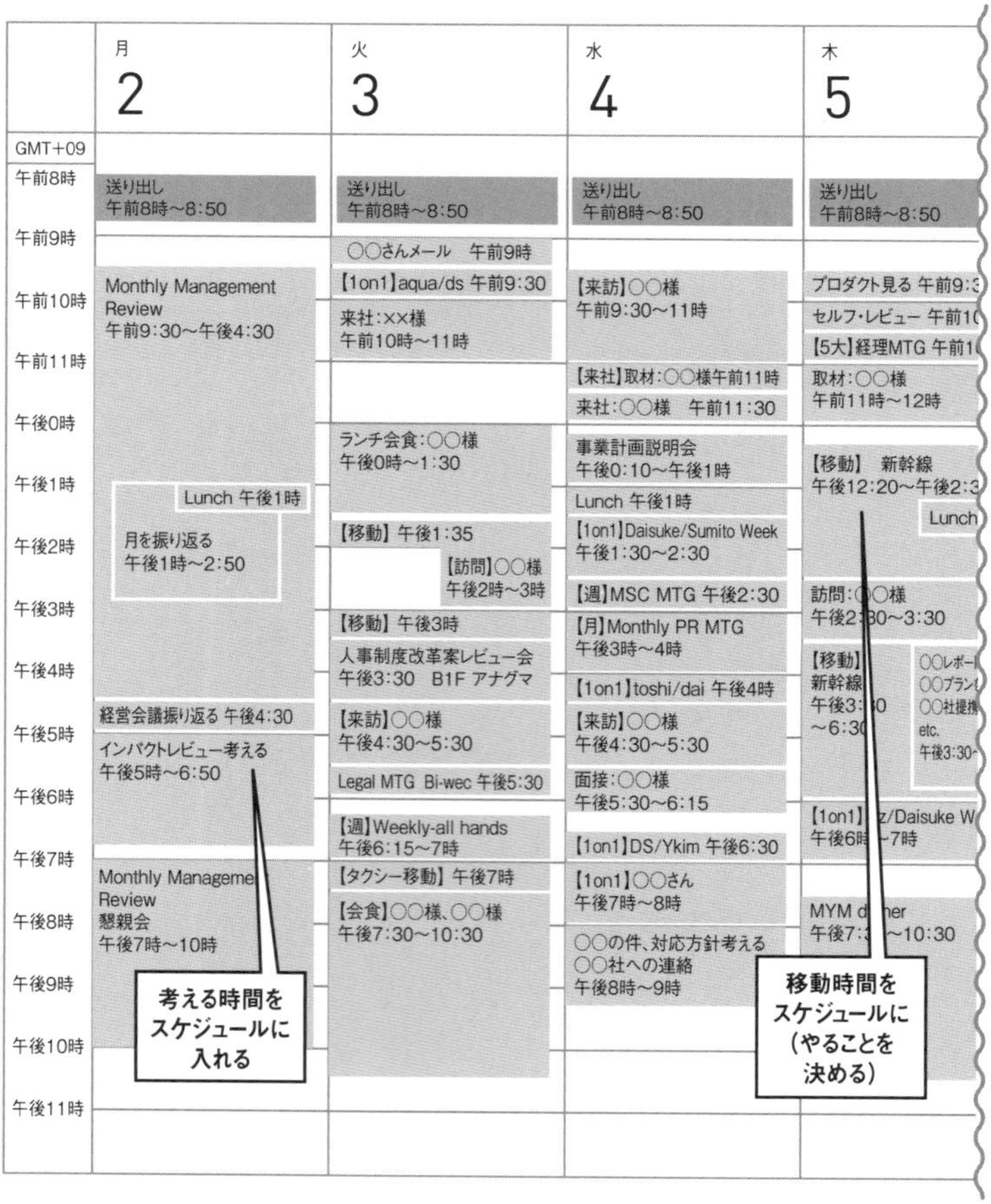

月 2
火 3
水 4
木 5
GMT+09
午前8時
午前9時
午前10時
午前11時
午後0時
午後1時
午後2時
午後3時
午後4時
午後5時
午後6時
午後7時
午後8時
午後9時
午後10時
午後11時
送り出し 午前8時～8:50
Monthly Management Review 午前9:30～午後4:30
Lunch 午後1時
月を振り返る 午後1時～2:50
経営会議振り返る 午後4:30
インパクトレビュー考える 午後5時～6:50
Monthly Management Review 懇親会 午後7時～10時
送り出し 午前8時～8:50
〇〇さんメール 午前9時
【1on1】aqua/ds 午前9:30
来社:××様 午前10時～11時
ランチ会食:〇〇様 午後0時～1:30
【移動】 午後1:35
【訪問】〇〇様 午後2時～3時
【移動】 午後3時
人事制度改革案レビュー会 午後3:30 B1F アナグマ
【来訪】〇〇様 午後4:30～5:30
Legal MTG Bi-wec 午後5:30
【週】Weekly-all hands 午後6:15～7時
【タクシー移動】 午後7時
【会食】〇〇様、〇〇様 午後7:30～10:30
送り出し 午前8時～8:50
【来訪】〇〇様 午前9:30～11時
【来社】取材:〇〇様午前11時
来社:〇〇様 午前11:30
事業計画説明会 午後0:10～午後1時
Lunch 午後1時
【1on1】Daisuke/Sumito Week 午後1:30～2:30
【週】MSC MTG 午後2:30
【月】Monthly PR MTG 午後3時～4時
【1on1】toshi/dai 午後4時
【来訪】〇〇様 午後4:30～5:30
面接:〇〇様 午後5:30～6:15
【1on1】DS/Ykim 午後6:30
【1on1】〇〇さん 午後7時～8時
〇〇の件、対応方針考える 〇〇社への連絡 午後8時～9時
送り出し 午前8時～8:50
プロダクト見る 午前9:3
セルフ・レビュー 午前1(
【5大】経理MTG 午前1(
取材:〇〇様 午前11時～12時
【移動】 新幹線 午後12:20～午後2:3
Lunch
訪問:〇〇様 午後2:30～3:30
【移動】 新幹線 午後3:30 ～6:30
〇〇レポー 〇〇プラン 〇〇社提携 etc. 午後3:30～
【1on1】 z/Daisuke W 午後6時～7時
MYM dinner 午後7:30～10:30
考える時間をスケジュールに入れる
移動時間をスケジュールに（やることを決める）

スケジュールについて補足すると、「送り出し」とは娘を幼稚園に送りに行く時間。午前9時〜9時半は、とくに外部との予定がなければ、原則空けている時間。即回答が必要なメールや、メッセージに対する確認、スケジュール確認などにあてている。やり残したことなどをカバーする時間にもしているが、必要に応じてTODOも入れる。

月初めの月曜日には、午前9時半〜午後4時半まで長いミーティングを設定している。もともと、前の月のことを自分で振り返る時間が進化したもので、チームで振り返りや次のアクションを検討する。そのミーティングのあとに、個人としても前月を振り返る時間を設定している。この週の火曜日は、予定が詰まりすぎていて、その点では理想的ではないスケジュールだった。水曜日も火曜日と同じような感じだったから、夜に自分の時間をとるようにした。木曜日は新幹線の中でいろいろと考えることに時間がとれた。

自分が決めたスケジュールをどこまでできたかは、成果に直結する。具体的な行動をスケジュールに落とし込み、実行し、振り返る。これの繰り返しだ。

やるべきことを具体化すると実行力は高まる

ツールは使い続けられるものに絞る

ツールとタスクは、できるかぎり数を絞る。

スケジュールを実行するうえで、そのサポートとなるツールは、手帳やノート、付箋《ふせん》などのアナログなものから、アプリをはじめとするデジタルまでいろいろ便利なツールがあるが、たくさんあると使いこなすのは大変だ。

だから僕は、**スケジュールを管理する「カレンダー」、絶対にやるべき次のタスクを知らせる「リマインダー」、緊急ではないけれど中長期で取り組むことを書き留める「メモ」という、だいたい3つのツールを使ってプランを回している。**

ツールを3つに絞るまでには、いろいろと試行錯誤があったが、その結果、できるだけツールはシンプルにしたほうがいいというのが持論だ。

「グーグルカレンダー」を使ったスケジューリングについては、先述の通り。リマインダーについては、明日の何時何分にこれをやる、誰にメールを送る、このミーティングの準備をする、資料を確認するなど、「その日、絶対にやるべきこと、かつすぐに対応できること」にタスクを絞って使っている。

かなり重要なものに絞り込んでいるから、1日の平均タスク数は3つ程度だ。それ以上になると、サクッとこなせなくなる。それに、タスクがどんどん溜まるとモチベーションも下がるから、あまり生産的ではなくなってしまう。

ちなみにリマインダーは、「グーグルカレンダー」に付随する専用の機能を使っているが、これを使うとタスクが終了するまで独立してTO DOが表示され続ける。表示され続けると結局それに注意を払わなくなってしまう。なので、中長期的なことにリマインダーは適さない。

考える必要のあるものは、一瞬の対応では済まないことがほとんどだから、まとまった時間をとってスケジューリングするようにしている。スケジュールに移す前の予定や、優先順位が高くないもの、寝かせるべきものは、すべて「グーグルキープ」というメモアプリに書き留める。これは付箋のような感覚で気軽に利用している。

タスクのメモ例

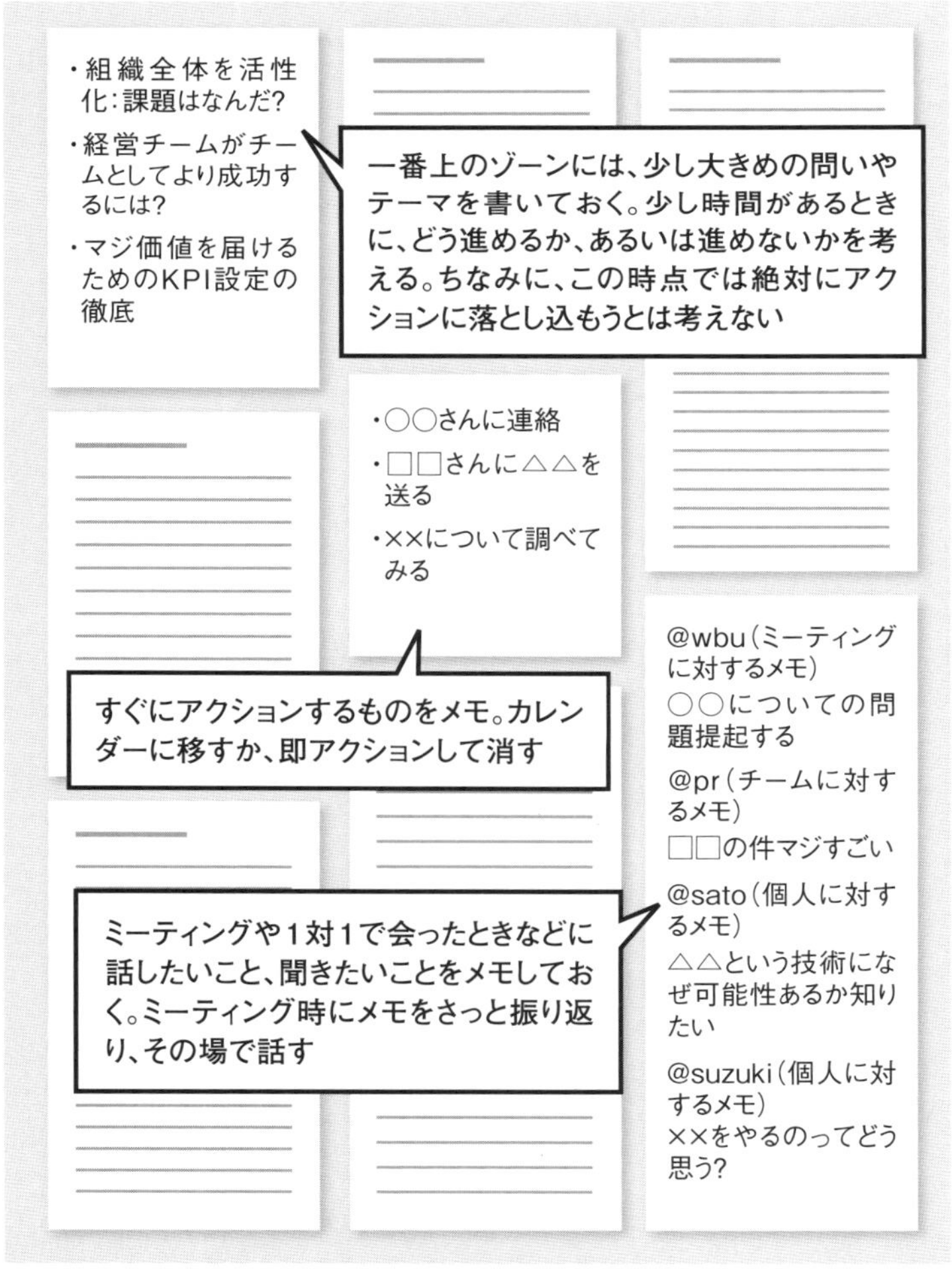

・組織全体を活性化：課題はなんだ？
・経営チームがチームとしてより成功するには？
・マジ価値を届けるためのKPI設定の徹底
一番上のゾーンには、少し大きめの問いやテーマを書いておく。少し時間があるときに、どう進めるか、あるいは進めないかを考える。ちなみに、この時点では絶対にアクションに落とし込もうとは考えない
・○○さんに連絡
・□□さんに△△を送る
・××について調べてみる
すぐにアクションするものをメモ。カレンダーに移すか、即アクションして消す
@wbu（ミーティングに対するメモ）
○○についての問題提起する
@pr（チームに対するメモ）
□□の件マジすごい
@sato（個人に対するメモ）
△△という技術になぜ可能性あるか知りたい
@suzuki（個人に対するメモ）
××をやるのってどう思う？
ミーティングや1対1で会ったときなどに話したいこと、聞きたいことをメモしておく。ミーティング時にメモをさっと振り返り、その場で話す

ＴＯ ＤＯリストを毎日つけて、書いたり消したりするだけとは違い、**このタスクのメモには「本当にやりたい」と思っていることはずっと残ったままなので、急ぎの案件に忙殺されそうなときにも、常に「本当にやりたいこと」は頭の片隅にあることになる。**

使い方としては、一番上のトップゾーンに「時間があったらやりたいこと」を書き留め、よく目に入るようにする。その下のゾーンには、カレンダーに移してアクションするか、即アクションして消すものを書き留める。さらにその下には、ミーティングなどで、特定の人に対して話したいことや聞きたいことをメモする。具体的には前ページの通りだ。

それをだいたい1か月分など、振り返るタイミングを決めて見返すようにしている。そうすれば、必要や状況に応じて、抜けもれなくカレンダーに組み込むことができるからだ。

この3つのツールのおかげで、僕は中長期的なプランを俯瞰しながら、今やるべきことに集中できる仕組みがつくれている。

続けるためには、ツールはシンプルなものがベスト

イレギュラーに振り回されない

イレギュラーを、「しかたがない」とは思わないようにする。

割り込みやイレギュラーなことが起こると、あせって対応してあたふたしがちだし、せっかく組んだスケジュールがどんどん変わってしまいかねない。

だから僕はそんなときは、**まず「そもそも本当に急ぎで対応する必要があるのかどうか」と、ひと呼吸おいて冷静に考えてみる。**別に今すぐ解決しなくても、「明日でいいじゃん」ということはけっこう多い。すぐに対応しないからといって「物理的には痛くないよね」「別に死なないよね」と、大局的な心持ちでいることも大事だと僕は思っている。

イレギュラーの事案が発生したときに一番大切なのは、ジタバタしない心の平静さだ。ペースを乱さない、心の平静が保てる、そういう状況をいかに維持できるか。この意識が、成果にも大きく影響してくるように思う。

時間が許すなら、ちょっと寝かせてみたり、落ち着いてみんなで話すミーティングをセットしてみたり、とにかくイレギュラーにあまり振り回されないようにするというのがベースになる。

そうは言っても、どうしてもすぐに対応しなければいけないイレギュラーな案件はどうするか？　そういうとき、僕は「ゴミ箱みたいな時間」を用意して対応するようにしている。僕の頭の中では、「掃除の時間」というイメージから、そう呼んでいる。

たとえば、僕のスケジュールは朝の9時半からだいたい予定が入っている。僕が出社するのは9時なので、9時半までの30分間は予定が入っていない。この30分間は、僕にとって「ゴミ箱みたいな時間」で、メールの振り分けやスケジュールの見返しなどにあてている。「今日はこのスケジュールをこなすぞ」とスイッチを入れるような時間とも言える。本当にイレギュラーで対応しなければいけない場合は、この30分を使うことが多い。

しかも、僕がふだんから使っている「グーグルカレンダー」は、入力できる最小単位が30分だから、メール1通書くにも30分の枠に予定を入れている。でも実際は、メール1通でそこまで時間を使うことはない。細かい用件は、その残ったスキ間時間でたいてい終わらせることができる。だから、基本的にはオンタイムで予定がこなせるし、たいていはイレギュラーなこともそういう時間で消化できてしまう。

また、どうしても避けられないイレギュラーなことが起こりそうだという気配を察知したら、あらかじめ対応できる時間を確保することもある。

そもそも僕の場合、実現不可能な予定でカレンダーが詰まっていることは基本的にはない。僕のカレンダーを一見すると、スケジュールがスキ間なくびっしり入っているように思えるかもしれない（158ページ参照）。でも、これは考える時間や雑務の時間もすべて予定に入れているからそう見えるだけで、意外と時間に追われている感覚はない（もし、時間に追われる状態になってしまったら猛省するのだ）。

たとえば、ある日は1日の半分くらいは社内での予定にしておいて、もしものときは、なるべく自由にスケジュールを組み替えられるようにしている。また、本業に影響が出そうな数の講演を依頼されたら、ほかの予定をこなせないリスクが高まる場合は引き受けない、というのもそう。

そうやって、**何か起こっても対応できるようなスケジューリングをいつも心がけている**。そもそも、疲れてくると心が狭くなりかねない。そのような意味でも、無理のないスケジューリングが基本だ。

それでもどうしても時間が足りない場合は、できれば避けたいけれど、あらかじめ確保していた「考える時間」を削ることもある。3時間とっていたところを2時間にして、イレギュラーなことの対応に1時間回すといった具合だ。

ただし、**やはりイレギュラーにしないことが基本になる。イレギュラーなことが発生しても問題ないスケジューリングをして、どうしても難しければ、考えるためにとっておいた時間をしかたなく使う**。この3段構えの対応で、できるかぎり創造的な時間は守る。自分が本当にやりたいことをするためにも、そのスタンスをいつも心がけている。

そもそもイレギュラーにしない発想が大事

スケジュールを「振り返る時間」も大事

だいたい3か月に一度、これまでのスケジュールを見返して「時間の使い方」を振り返る。

「どうしてこんなことに時間をたくさん使ったのか」「ここはもう少ししっかり時間をとるべきだった」などと、僕はスケジュールを振り返って次に活かす時間をつくっている。

順調に予定が進んでいたとしても、ただ「よかったね」で終わらせてはいけない。その背景には、次への学びとなる「うまくいった理由」があるはずだ。それはきちんと振り返ることで明確になる。

3か月間、1つのものごとに取り組む際は、ゴールに近いあたりか、もしくは終わった直後にあらかじめ「振り返る時間」をとるようにしている。タイミングとしては、3か月の残り1か月以降ならいつでもかまわない。ただし、残りの1か月で「何かちょっと違うな」と違和感を覚えても、基本的にはそこで軌道修正はしない。そこまできたら修正するのではなく、3か月やり切ったほうがいい。

なぜなら、「やり切ることができなかった」となると、どこがどう悪かったのかという検証材料にさえならないからだ。もし軌道修正するなら最初の1か月くらいまでにして、途中で違和感を覚えたことはメモなどに書き留めておいたうえで、次に活かしていく。

僕は「グーグルカレンダー」でこれまでのスケジュールを定期的に振り返っている。デジタルのカレンダーだと、自分のこれまでの歩みとして、3か月前はもちろん、5年前に何をやっていたかも即座に振り返ることができる。1日のスケジュールに関しても、全体像と細かい予定がすべて見渡せて、何に時間を使っていたかがひと目でわかる。だから、僕はスケジュール管理に関しては圧倒的にデジタル推奨派だ。

ところで、一度予定したスケジュールは必ずこなす、という気持ちはもちろん大切だけれど、状況に応じて予定が日々少しずつ変わるのも現実だ。振り返ると、「本当はもっとこれに時間をかけたかったのに、全然できなかった」「こういうことに時間を使わないと決めたのに、結局かなり使ってしまった」ということのほうが意外と多いかもしれない。

ここも、順調なときと同じで、**「それは、なんでそうなったのか？」と原因を考えることが大切だ。**悪かったことも、そこから得た学びを次にどう活かすか、これが次の3か月間を有意義なものにできるかどうかを決定づける。

僕の傾向としては、知らず知らずのうちに気づいたらミーティングが増えていくので、3か月に一度ミーティングの数を見直している。そういう意味では、カレンダーを振り返ってみてミーティングが多かった場合、それは僕にとって「ダメな時間の使い方をした3か月」と言える。

逆に、振り返ってみて「いい時間の使い方をしたな」と思うのは、オンタイムでスケジュール通りに動けたときだ。

スケジュール上はそれほど予定は詰まっていないけれど、暇だったとは思わずに、充実感があるようなら、それはすごくいい予定の組み方だったと言える。時間に追われていないし、すごく能動的にいろんなことをこなせた証拠だからだ。

ときに、「予定はいっぱいあったのに、やり切れなかった」ということもあるかもしれない。ただし、それはダメな時間の使い方ではあるけれど、落ち込む必要はとくにない。

そんなときも**カレンダーを見返して振り返り、自分の傾向も踏まえて次に活かす。**これを繰り返していくと、徐々に時間の見積もりの精度は上がってくるし、理想的な時間の使い方も肌感覚でわかってくるからだ。

そうして理想的な時間の使い方が少しずつできるようになれば、「本当にやりたいこと」を追いかける時間を、自分の描いたように捻出できるようになっていく。

「果たして、いい時間の過ごし方だったか？」を振り返る

第6章

成功は「アウトプット」しなければ始まらない

とにかくやってみる「アウトプット→思考」

成功は、アウトプットしなければ始まらない。

いくら素晴らしい理想を語っていても、どれだけいいアイデアやストーリーをもっていても、結果的にアウトプットしなければ「絵に描いた餅」なので意味がない。さらに言えば、いち早くアウトプットすることに、大きな価値があると僕は思っている。一番、生産性が低いのは、失敗する以上に、失敗を恐れてなかなかアウトプットしないことだ。

だから、ｆｒｅｅｅには「理想ドリブン」とセットで「アウトプット→思考」という価値基準がある。「アウトプット→思考」とは、「理想ドリブン」で考えたアイデアやストーリーに対して、「まず、アウトプットしてみる。その結果さらに考え、よりよいものへ改善していく」ことだ。**完璧なアウトプットかどうかより、アウトプットから何を学ぶか、**

どうブラッシュアップしていくかを重視している。

「まずアウトプットすることの大切さ」は、起業直後の僕の苦い経験から身をもって感じている。起業した直後は、本当であればすでに思い描いていたクラウド会計ソフトを完成させることに時間を目いっぱい使って集中すればよかった。けれども、起業した高揚感や会社も辞めて時間もあるから、もっと考えたほうがいいのではないかという気持ちから「そもそも、やりたかったことってこれでいいのか?」と振り出しに戻って議論をしてしまった時期があった。

そのせいで、最初の3か月弱はあまり開発が進まなかった。本当は当初意図していた顧客セグメントにとって、最も重要な確定申告の時期にサービスのリリースを間に合わせるはずだったのに、結局それは叶わなかった。

そこはうだうだ言わずに、まずソフトを完成させるべきだった。そのうえで実際に確定申告でユーザーに使ってもらうというプロセスを踏んだほうが、絶対に価値があったし、学びも多かったはずだ。

まず動いてみることで、初めはできないと思っていた状況が変わることもよくある。

クラウド会計ソフトのアイデアは、銀行やクレジットカードの明細書から、自動で会計帳簿をつくる機能がコアなアイデアの1つだった。しかし、技術的にかなり大変かもしれないという先入観があって、最初は手をつけなかった。「コンセプトを実現するうえでは、最悪の場合なくてもいいかもしれない」と話していたくらいだ。

ただ、開発を進めるなかで、やっぱり「本当にそれでいいのか?」と疑問をもち始めるようになった。ある日、CTOの横路と夕飯を食べながら話していて、「食後に、アイデアを簡単に実現できるかどうか、とりあえず試してみよう。どっちが先に銀行の明細データを引っ張ってきて自動で帳簿に登録できるか競争してみよう」ということになったのだ。

実際にやってみると、横路があっという間に3分くらいでデモを完成させてしまった。まさに、案ずるより産むが易し。そういった瞬間だった。

freeeで現在展開している「会社設立freee」というサービスもそう。クラウド会計ソフトとは別に、会社設立をサポートするサービスで、会社の設立に必要な書類を5分で作成することができる。

会社設立に必要な書類をそろえるのは、いろいろと煩雑なことが多く、事業主にとっては大きな負担になっている。そこで、「バックオフィス業務の効率化がミッションである freeeだからこそ、会社の設立から中小企業をサポートできたら本当に意味があるよね」とメンバーの中から自発的に声が上がったアイデアだった。僕も、たしかにそのアイデアは世の中の役に立つし、インパクトもあると判断してゴーサインを出した。

ただし、「理想ドリブン」を突き詰めると、そのアイデアはすべてをクラウドで完結させることが本当は理想だった。けれども、書類の作成に加え、登記の手続きをクラウド化する作業はとても煩雑だと事前にわかっていたから、開発当初は完璧を目指すことはあきらめることにしたことも、理想と現実という意味であえて触れておきたい。

大事なことは、失敗や変化を恐れずどんどんアウトプットすること。まず動いて1つの結果を出そうとすることで、それに続く結果も変わってくる。

何はともあれ、まずアウトプットする

まずは1周するまでやってみる

細部でつまずかない。

探求心は大切だけれど、3か月など一定期間で成果を出すことにこだわるなら、細部に入り込みすぎないことも重要だ。

世の中には、昔の人がすでに証明してくれている「正しいこと」がたくさんある。だから、「なぜだろう?」と考えたほうが面白いことはもちろんあるけれど、何かを早く習得したいなら、細部に入りすぎないほうがいい。

たとえば、数学も「1ってどういう意味? そもそも1って何?」と考え始めると大変だ。最初は「1+1=2」ということをまずは受け入れて、学ぶ。いわば、先人の力を受け入れて、利用できるものは利用する。

僕はなるべく細部で立ち止まらない、つまずかないように意識したことで、実際に加速がついて3か月単位で成果を出してきた。高校で数学をほぼゼロから猛勉強した3か月間も、基本的な例題とその答えを100個くらい丸暗記していくと、解き方が徐々に見えてきた。「これとこれを組み合わせるだけで、この問題は解けるな」という感触がだんだんつかめてきたのだ。

どうしてそうなるのかは、はじめの時点ではよくわからない。でも、まずは解き方を覚えて、もっといろんな難しい問題が解けるようになっていくと、その疑問も簡単に腑に落ちるということがよくあった。

数学が苦手な人がいきなりピタゴラスの定理を証明しようとしても理解できないので、「なんで？」と思ってもとりあえず覚えてしまう。それで問題が解けるようになったあと、あらためて本当に興味が湧くようなら、その時点で初めて細部に入ってみればいいのだ。

細部でつまずいて、たびたび立ち止まってしまう、ということは実際に少なくない。プログラミングやデータサイエンスでもそうで、最初から1つひとつ納得して進めようとすると大変だ。僕はそういうのも、まず丸暗記すればいいと思っている。プログラミングの本を読むと、概念がたくさん書いてある。その時点であまり深くわからなかったとしても、まずはブワーッとななめ読みをしてみて、とにかくいろいろな例題をそのままどんどん解いてみる。それで、プログラムをいち早く自分で動かしてみることが大切だ。

実際にプログラミングをするときも、「この場合、なんで動かないの？」といちいち立ち止まらない。「これは動く、これは動かない」と割り切って、いったんいろいろなことをやってみる。エラーで動かないとき、よくよく考えてみると単に1文字違っていたなんてこともある。そういうことも含めてとりあえずやってみるのだ。

そうして慣れてきて初めて、「ここを変えたらどうなるだろう？」「ここを変えてこういうふうに動いたほうが面白いよね」とおのずと余裕も出てくる。そういう段階になって「概念」に立ち戻ればいい。そのほうが間違いなく成長が早いし間口も広い。実際に多くの人が、いきなり難しいことの「概念」を理解しようとして、つまずいてしまうのではないかと思う。

小説や映画でたとえるなら、登場人物の相関関係やストーリーの詳細が全部わからないまま話が進んでいったとしても、途中でいちいち立ち止まらずに、とりあえず最後まで読んでしまう、観てしまう。そういうイメージだ。

そして大事なことは、もう1つ。**取り組んでいることに対して、なるべく早い段階で**

のだ。

「ごほうび」を与えること。とくに初めてのことにチャレンジする場合、「完璧に理解していないけれど、とりあえずやってみたら、できた」というのは達成感とともにうれしいものだ。

時間をかけてものすごく細かい部分まで勉強をしたのに、ちょっとしか動かないプログラムしか書けなかったというのは、「ごほうび」のタイミングが遅いということにほかならない。こうなるとモチベーションも下がるから、最後まで楽しく続けられないのだ。

達成感を早めに味わうと、細部でつまずかない

わからなくてもいいから、とりあえず1周してみる。「わからないこともあるけれど、できている！」「ひと通りわかった！」というような達成感や充実感を、なるべく短いタイミングで味わえるようにする。これが、モチベーションを高く保ったまま3か月を走り抜ける秘訣だ。

「わかりやすい成果」は何よりの武器になる

誰も文句が言えない、わかりやすい成果を出す。

もし、逆境と言われるような立場にあるならなおさら、積み重ねる3か月間、いつもこのことを意識していたい。

僕がグーグルに入社した2008年ごろ、同社のマーケティング部と言えば亜流の存在だった。今でこそ世界トップクラスの広告宣伝費を使うようなチームだが、僕が入った当時は「Tシャツやノベルティがほしいときはマーケティングチームに言ってください」と言われるような部署だった。現在、グーグルの最高マーケティング責任者であるロレイン・トゥーヒルも、ダブリンのオフィスに最初のマーケターとして入社した当時を振り返って、こう話している。「私は初の海外マーケティング責任者としてグーグルに入ったけれど、仕事はTシャツをつくることだった。でも、めげずに頑張った」と。

僕がグーグルのマーケティング部にいた当時、マーケティング部は社内でもアウェイの状況で、僕が日本の中小企業のマーケティングを担当した最初の3か月間は、じつはほとんど成果が出なかった。

グーグルのマーケティング組織には「スティール&シェア（steal & share）」という1つのカルチャーがあるという話はした。「ほかの地域や国でうまくいっていることは、とりあえずなんでも試してみよう。ほかの誰よりも早くやってみよう。そして、結果をみんなにシェアしよう」という精神だ。これに則り、僕も最初の3か月間は、いいと言われているようなことをすべてやってみた。けれども、インパクトのある成果にはつながらなかった。一方で、どんな施策がうまくいき、難しいのか、嗅覚を磨くことはできた。だから、次の3か月間は、手ごたえを感じた施策をブラッシュアップすることに専念した。

中小企業が広告を出すとしたら、2008年あたりだとそもそもテレビCMや新聞、雑誌などへ掲載する広告は、広告代理店に高額な代金を支払って出稿するしかなかった。中小企業にとってはずいぶん気合を入れてやらないとできないことだし、広告を出したとしても本当に効果があるのかさえよくわからない、リスクも高い領域だった。

でも、グーグルの仕組みを使えば、誰もが100円から広告を出せるようになるのだ。

しかも、その成果を数字でクリアに測ることまでできる。中小企業の経営者にとってみれば、画期的な新しいオプションが1つ増えたことを意味した。それなのに、その事実をほとんど誰も知らないのだ。

その状況を踏まえて、僕は中小企業の経営者に新しい選択肢がある事実を知らせるダイレクトメールを送る、ということを試した。これもほかの地域で成功している施策の1つだった。試した結果、特段成果が出たわけではないが、改良する伸びしろは非常に大きい領域であったのでポテンシャルを感じた。

本当は、メッセージなどをそれぞれの受信者に合わせてカスタマイズできるとよいのだが、発送する中小企業の数が膨大なため、1通ずつカスタマイズして送れるはずもない。そこで、これまで活用されていなかったビッグデータに光を当てて、各企業の関心時などに合わせてメールが送れるよう自動化することにした。そして、その次の3か月は、ダイレクトメールを徹底的にパーソナライズしていった。今でこそ、ビッグデータを活用したマーケティングオートメーションのシステムは増えているし、活用も進んでいる。しかし、僕が手がけたころはそういったものはほとんどなく、まさに手探りの状態だった。

でも、その施策を徹底的に掘り下げて正解だった。「誰もが100円から広告を出せる」という衝撃的な事実を世の中に広く提示できたことで、ようやく圧倒的なわかりやすい成果が出せたからだ。

新規広告主の増加率や売上は右肩上がりで、年単位で3ケタ、数百パーセント増の成長を続けて、アジア地域全体で見てもすさまじい勢いだった。そして、その施策は成功事例として世界中のグーグル支社でシェアされていった。この成果が評価され、僕たちのチームはアメリカ本社から「OC Award」という経営会議賞を受賞した。さらに、社内での僕自身の信用度も上がったおかげで仕事も格段にやりやすくなり、より大きな成果を出しやすい環境が整った。

もちろん、圧倒的な成果をすぐに出せたら最高だが、うまくいかないときもある。でも、そこであきらめる必要はない。それは、**次の3か月で圧倒的な成果を出すために嗅覚を磨いたとも考えられるからだ。**

アウトプットし続けて、誰も文句を言えない成果を出す

深く掘り下げる「ハックエブリシング」

何ごとも、重要だと思ったことはしっかり掘り下げる。

いち早くアウトプットしたあと、その分野でより圧倒的な結果を残すためには、まずは今取り組んでいることや、もっているリソースについて、深い理解が欠かせない。**習熟したうえで、枠を超えて発想する必要がある。**これをfreeeでは、「ハックエブリシング（Hack Everything）」と呼んでいる。圧倒的な結果を生み出すために、大切にしている価値基準の1つだ。

日本企業は、わりとすぐにいろいろなことをアウトソースするケースが多い。1人ひとりのお客さんのニーズに近いメッセージを効率的に届けるマーケティングオートメーションという手法やソーシャルメディアの運営など、世の中ではわりと外部の会社任せにしていることが多いのではないだろうか。自分たちでノウハウをつくり、自前で運営しようと思っている人たちは少数派だと思う。

でも、アウトソースすると自分たちのノウハウにはならないし、それ以上、進化はできない。生産性を上げたり、もっといいサービスを提供できたりするようになるためにも、今あるツールやリソースを深く理解して、工夫できる余地はたくさんあるはずだ。エクセル1つにしてもそう。なんとなく使うのではなく、たとえば2時間しっかり勉強してから使ってみる。それだけで生産性が上がることは、じつはたくさんある。

新しいサービスや、新しいお客様へのアプローチにしても、今あるツールやリソース、ルールなど熟知したうえで実践することで、最良のアウトプットにつながることは少なくない。だから、**自分たちが今使っているものと、きちんと深く付き合うことが大事だ**。自分が担当しているものやよく使うツールについて、もっと調べたり勉強したりして熟知することで、「このツールは、こんな活用のしかたもあるかもしれない」という、それまでの自分では気づけなかった発想に至ることはよくあるからだ。それに、そのサービスが本当に競争力を生むと思うなら、やっぱり自分たちで磨き上げて、一番のマニアになることが欠かせない。

マーケティングにせよ、CRM（Customer Relationship Management／顧客関係性マ

ネジメント）にせよ、ｆｒｅｅｅは徹底的にツールやテクノロジーを活用する会社として知られている。また、ｆｒｅｅｅのカスタマーサポートでは、２０１４年からチャットでお客様に対応しているのも、ハックエブリシングから生まれたことの１つだ。電話やメールでのサポートが主流ななかで、これはなかなか珍しい形態であった。チャットという形態は、とくにお客様からの要望で始めたわけではない。電話やメールよりも、むしろチャットのほうがよほどお客様の待ち時間が少ない可能性がある、という発想から始めたことだった。実際に社内の連絡においても、チャットが便利である局面も非常に多いのだ。

本気でお客様に向き合うなら、お客様のところへ直接訪問して対応するのが本当はベストだろう。ただ、コスト等を考えると現実的ではなく、それはなかなか難しい。ならば、そうじゃないやり方でできることを全部やろう、という発想で突き詰めた結果、「チャットサポート」というかたちに行きついた。

導入初期は、必ずしもお客様の期待に添えない場面もあった。けれども、「どこまでツールを使いこなせるか」ということで、メンバー１人ひとりが徹底的にチャットについて勉強をしながら自分たちの中でノウハウを溜めていき、このサービスが可能になった。

その後、盤石な体制も少しずつ整っていった。そして、こういうやり方があるのだとお客様にも伝わり、「チャットだと双方向でやりとりができて、かつ文字を通して質問したり、確認したりできるのでとてもわかりやすい」ということで評判になった。実際に「そのご質問に関しては、こちらのリンク先にあるこの箇所をご覧ください」とチャットで簡潔に伝えるほうが、電話で説明するよりもお互いにとってムダがないことが多かった。

チャットに真っ向から取り組んできたからこそ、今ではチャットにもＡＩを取り入れ、いただいた問い合わせに対しての一時的な回答を、まずはＡＩが対応する仕組みなどもできてきた。これであれば、「素早く問題解決する」という最も重要なニーズにさらに効果的に対応できる。

新たな価値を創造する、一流と言われるようなスキルを身につける。いずれにしても、**現状から一歩抜きん出るカギは、意外と自分の足もとに転がっている場合も多く、それを深く掘り下げることで成果の質も変わる。**

習熟することで、限界を超える発想が生まれる

「自然と気持ちが前を向く空間」をつくる

オフィスは好きなことをする場所。

オフィスは、自分たちが目指すミッションに向けて成果を出すために集まる空間だ。だから当然、やらされてやるんじゃない、好きだからやっている、そういう気持ちでオフィスで仕事をするのが基本だと思う。

好きなことをする場所だからこそ、リラックスできる環境をいつも心がけている。**「好きだからやっている」という自主的な雰囲気で仕事をすることは、単に気持ちの問題だけではなく、生産性にも大きく影響するからだ。**

この考え方は、僕が起業したときの仕事場が、当時借りていたマンションのリビングだったことにも起因しているかもしれない。そこに仲間3人が集まって働いていた。だから、僕にとってオフィスは「リビングの延長」という感覚が強いのだろう。

会社が成長してからも、創業当時のようなカジュアルでリラックスできるオフィスの空間づくりは意識してきた。たとえば、現在のオフィスには、靴を脱いで畳に座る小上がりのミーティングスペースや、同じく靴を脱いでクッションにもたれかかりながら仕事ができる作業スペースなどがある。

といっても、僕はオフィスの空間を居心地のいい空間にすることで、創造的なアイデアが出るなどと直線的に考えているわけではない。ただし、**リラックスしたスタイルで仕事に打ち込める空間が、仲間同士のコミュニケーションを活発にして信頼関係を強めるのはたしかだ。**それによって、「よし、頑張ろう」と自主的に取り組める、アイデアを自由に行動に移すことができるなど、自然と頑張れる雰囲気づくりに一役買っていることは間違いない。

実際に、そういったポジティブで能動的な雰囲気は、社内に好循環を生み出している。メンバー自ら、面白い企画を発案し実行しているのもそう。

たとえば、毎週開かれる全社ミーティングで、会社の中で目立った功績を残したメンバーに対して「ヒーローインタビュー」をするというのも、その1つだ。活躍したメンバーが成功事例について、「どこが問題で、どう解決したのか」「何が大変だったか」「どういう思いで取り組んでいたのか」など、その場でインタビューされて、全社員に共有する。そうすることで、インタビューを受けた本人の名誉となるのはもちろん、ほかのメンバーも自分が挑戦している課題に対して、気づきや刺激が得られる。

ほかにも、「巨匠制度」という「1か月ほかの仕事をいっさいしないで、こういうことを実現したい」というアイデアを募集し、「どんな人が主張する、どんなアイデアなのか」をポイントに投票する企画も生まれた。当選するには、「この人がこのアイデアに取り組んだら、すごいことが起こるんじゃないか」と周りに思わせるだけの「すごい人のすごいアイデア」であることが条件だ。

見事、「巨匠」に選ばれた人は、実際に自分のアイデアを実現するわけだけれど、そこで生まれた技術によって、みんなの生産性が上がることも少なくない。それに、「巨匠」に選ばれること自体ハードルが高くてすごいことだし、「あんなふうに選ばれるように頑張ろう」とほかのメンバーの刺激にもなる。

また、仲間同士のコミュニケーションという点でも、僕自身、週1回の全社ミーティングではビデオカンファレンスも取り入れながら、全オフィス全社員に対して会社の課題や問題意識について何度も話をするようにしている。月に一度は経営課題についても共有する。これは即効性のあるものではなく、地味で地道なことかもしれないが、毎回大切にして、その準備にも時間をかけている。地味でもとても重要だと思っている理由は、**みんなで同じ問題意識をもつことが、「よし、頑張って解決しよう」というモチベーションの一番強い源泉となるからだ。**

かつて、ｆｒｅｅｅの入社面接を受けたが、「仕事とプライベートのオンとオフがないような環境で、趣味っぽく仕事をしている雰囲気が、僕には合わない」と辞退した人がいた。それはそれで、その人の考え方なので、僕はいいと思っている。

大切なのは、あくまで自分たちにとって「仕事がしやすい環境」「頑張れる環境」を整えることであるし、極端な話、合わない人もいるほうが強いカルチャーになる。もちろん、働き方や考え方にはダイバーシティがあってしかるべきだし、そのほうが強い組織はできる。加えて、ある部分では同じことに共感しているのが本当に強い組織だ。

自主性を開放する雰囲気づくりが「生産性」のカギ

無自覚に犯しがちな「意味のない失敗」

「なんだかよくわからない失敗」には、学びがない。

やり方が悪かったのか、アイデアが悪かったのか、準備不足なのか、よく試しきれていないのか、いずれにせよ原因が「なんだかよくわからない失敗」というのがある。

たとえるならば、理科の実験で無自覚のまま汚れたビーカーを使ってしまい、その実験結果で結論を導き出すようなもので、なんの役にも立たない失敗だ。問題の本質を考えて、本気で解決しようと動いていないときに、意外と無意識にやってしまうことが多い。

だから、当然そこから学べるものは少ない。にもかかわらず、なぜか人はそういう「意味のない失敗」をしてしまいがちだ。

僕にも苦い経験がある。それは起業した直後に、「事業を一緒にやろう」と仲間を誘ったときのことだ。そこで本気で説得しにかかればよかったものを、はじめは僕自身もあまり自信がなかったし、照れのようなものもあったから、「もし、興味があれば……」と冗談っぽく誘ってしまった。

なんの実績も後ろ盾もないスタートアップの会社に入ってほしいというのだから、相手にとってみれば僕の真意を測りかねたはずだ。当然ながら、相手からも冗談としか受け取られず、その話はうやむやに立ち消えてしまった。

「こちらが本気じゃない誘いに相手が本気で応えてくれるわけがない」と誰が考えてもわかるはずなのに、本質的なことに向き合わなかった。なんで本気で誘わなかったんだろう。今思い返しても、すごくもったいないことをしたと思う。こういうものも「意味のない失敗」だ。

仕事でも、そういった「意味のない失敗」はけっこうあるものだ。たとえば、営業の担当者が新しいサービスをお客様に売り込んだものの、成約に結びつかなかった際に、「その理由がわからない」というケースが意外と多い。

理由としては、問題の本質が何かをお客様にきちんとヒアリングできていないことが考えられる。「どうしても克服できない壁は何か」「サービスで解決できない問題は何か」「意思決定できない理由は何か」。そこまで踏み込んで、本気の質問ができていない可能性がある。つまり、これは真剣なフィードバックが聞ける信頼関係をお客様と構築できていないことが原因だ。本質的な問題を把握しないまま一生懸命取り組んでも、意味はないし、再び失敗する可能性も高くなるし、そこから学べることは少ない。

そのため、僕は無自覚に自分がやりがちな失敗の傾向をつかんで、「意味のない失敗」をできるだけ避けるようにしている。たとえば、本質をよく知ろうとしもしないでハナから可能性を否定してしまい、しかもそれが成功したときに、僕は「意味のない失敗」をしたときと近い感覚を覚える。

かつて、僕は携帯のアプリや着メロなどのビジネス、それこそグーグルの検索エンジンについても「でもこれって、別に人間の生活をコアの部分から変えるものにはならないよね」と斜に構えた見方をしていたところがあった。今思うと、未来の可能性に目を向けることもせず、大きな失敗をしていたと猛烈に反省している。「時間はかかるかもしれないけれど、その先にはこういう変化が起きるかもしれない」と前向きな発想で考えてみる姿勢が足りなかった。

今ならＡＩがさまざまな分野で脚光を浴びている。そういった潮流に対する批判的な意見は、いつの時代も多いけれど、**ネガティブなものの見方は自分を制限してしまう。それに、さまざまな可能性の芽をつぶすという意味でも、絶対的に損だろう。**

「これはうまくいかない」とすぐに批判することは簡単だ。でも、「うまくいった場合に、どんな変化が起こるのか」を前向きに考えてみることのほうがずっと大事だ。以来、僕が意識的にしていることの１つに、これから注目されるような新しいサービスやアイデアに対して、「批判から始めない」というのがある。

本質に向き合うというのは、得るものが少ない「意味のない失敗」を避けると同義と言える。そして可能性に光を当てる意味でも、自分の失敗の傾向はつかんでおいたほうがいい。

「学び」があるのは、本気で問題の本質に向き合ったときだけ

「意味のある失敗」は大事な検証材料になる

「起業するとき、失敗した場合のことを考えると怖くなかったですか？」

これはよく聞かれる質問だ。それに対しては、「まったく怖くなかった」というのが僕の答えだ。なぜか？

それは「失敗したとしても、絶対にいい経験になる」という確信があったからだ。なんだかよくわからない「意味のない失敗」から学べることはほとんどない、という話をした。一方で、**本気で本質に向き合って取り組んだ結果としての失敗は、絶対に意味がある。それは大事な検証材料になるからだ。**

これは、グーグルで働いていたときの影響がベースになっているかもしれない。グーグルには、世界中から元起業家が集まっており、活躍している人も多かった。その中には、起業して失敗した経験をもち、グーグルに入社した人も多くいたが、「たとえ失敗しても、それは糧《かて》になる」というのが彼らの考え方で、僕も少なからず影響を受けた（今のｆｒｅｅでもそうだ）。

グーグルを辞めて起業したとき、僕は「クラウド会計ソフトの開発という、これからやろうとしていることは、人生をかけた１つの大きな検証活動だ」と考えていた。そのような意味では、**「たとえ失敗してもやる意味がある」**と強く思って事業をスタートさせたと言える。

当時、日本でクラウドサービスがほとんど使われていなかった理由や、クラウドサービスでこれまで誰もうまくいかなかった理由に対して、「それはなぜだろう？」と誰も本気でぶつかったことがないという状況だった。

それに、「会計ソフトの業界は30年間変わらないから、きっとこれからも変わらないよ。やめておいたほうがいい」と口々に言われたことは、これまで述べてきた。たしかに、それが業界の常識かもしれない。実際に、これまでの構造を変えるのは相当難しいのかもしれない。

でも僕たちは、「たしかに、過去に取り組んだ人はいるかもしれない。けれども、それはやり方が悪かったのであって、僕たちの仮説でやってみれば、ひょっとしたら成功できるのでは」と考えていた。それに、何より僕自身が心からチャレンジしてみたかったのだ。

僕たちにとって重要だったのは「経理が自動化できる」ということだ。「誰でも簡単に自動で会計処理ができるから、これまでの働き方が一変する」というのが取り組むテーマの本質である。それに向き合ったうえでの失敗ならば意味がある、と感じていた。だから、「今まで日本では誰も成功していない、クラウドサービスで会計ソフトの常識を変えられるかもしれない」ということに対して、大がかりな検証としてｆｒｅｅｅを立ち上げたとも言える。

もし失敗したとしても、「このやり方ではうまくいかなかった」という事実を残すこと自体、おそらく意味があると思っていた。１つの貴重な事例を示すことができるからだ。クラウド会計ソフトを提供することに対して、挑戦している人が非常に少ない環境だったからこそ、「そこを攻略するためには、少なくともこういう問題が潜んでいる」という情報発信は少なからず意味があると思っていた。

そんなふうに考えて、世の中に意味のある検証活動をしたいというのが、起業の大きな原動力になっていた。

もちろん、できれば失敗は避けたい。成功するに越したことはない。けれども僕は、失敗が怖いというよりは、それはそれで1つのアウトプットとして意味がある、というとらえ方だった。本気で本質に向き合って取り組んだ結果としての失敗なら、それは絶対に大事な糧になると。

失敗してもいいから、自分のチャレンジが世の中に対して、何かインパクトを与える一歩にしたい。そんな強い思いがあったから、失敗するかもしれないことに対して恐怖というものがなかったのだと思う。

何かにチャレンジするときには、大なり小なり不安はつきまとう。でも、そんなときこそ、**それに挑戦しようと決めたときのワクワクした気持ちにもっと目を向けてほしい。**本当に意味があると思ったから、「やりたい」と思ったはずだ。

「意味」を見出したチャレンジは、成長の大きな糧になる

おわりに

２０１７年７月に、アカデミーヒルズのイベントにて「時間術」をテーマにお話をさせていただいた。

もともと、自分の「時間の使い方」については得意に思っているわけではなかったのだが、ふだん大事にしていることを話させていただいたところ、「３か月」というキーワードにたどり着いた。それを興味深い話として聞いていただけたことがきっかけとなり、この本を書くこととなった。

「時間の使い方」については、もちろん今でも試行錯誤を続けている。仕事が変わったり、事業のフェーズが変わったり、組織が変わったりすれば、当然、時間の使い方も変えていかなくてはならない。その点、ｆｒｅｅｅのほかのメンバーや、ほかの経営者の時間の使い方なども参考にして、今でも少しずつ進化しているのかなと思う。

それでも、「３か月」という区切りで全力で頑張り、流れが変わったり転機をつくれたりしたという経験は、振り返ってみると僕の人生の至るところに散りばめられていて、１

つの法則のようなものになっていることを、この本をまとめていくなかで強く実感した。

この本を書き上げて、さらに気づいたことがある。学校に入学したり、会社に入社したり、あるいは新しいコミュニティに属したりするときに、必ずすぐにそういったコミュニティの中心的存在となり非常に目立つ存在になれる人がいる。僕はまったくそういうタイプではなく、どちらかというと慣れたり、しっかり自分を主張したりするようになるまでに「3か月」くらいかかるタイプなのだ。

僕は新卒で会社に入ったときは、その高揚感から早く成果を出したいとあせったものだ。だが、それ以外の局面においては、むしろ最初の3か月くらいは、そのコミュニティはどんなルールでものごとが動いたり、決まっていたり、何を大切にしていたりするのか、どんな力学が働いていたりするのかなどを、目の前でやるべきことをこなしつつしっかり理解する。そして、「さて、自分はどんな立ち位置で貢献しようかな」ということをセットするために最初の3か月を使うということをわりと無意識のうちにしていたのだ。

つまり、「様子見」というテーマの「3か月」をセットしていたということだ。徹底的に何かに集中する3か月もあれば、このように様子見の3か月などもあってよいと思う。

さらに、この本を書きながら振り返ってみると、グーグルへの入社は僕の人生においてあらためて1つの大きな転機となったと感じている。グーグルというカルチャー自体の影響もそうだし、世界中のトップエンジニアとビジネスエリートが一緒に働く場というところから受けた影響も多いだろう。

じつのところ、僕はグーグルに入社することに大きな迷いもあった。僕がグーグルに入社したころは、「国産の検索エンジンが強くならねば」といった機運がまだあり、自分は黒船に加担するといったような後ろめたさを感じたのだ。このとき、僕の友人が「グーグルのようなものが日本に広まっていかないとすると、そっちのほうがリスクだ」と言い、この考えがもっともだと思って、僕はグーグルに入社を決めた。

結果、グーグルにおける仕事の進め方やカルチャーにどっぷりと浸かったことは、自分にとって非常に大きな学びとなったし、自分が起業をする際にも「グーグルみたいな、よいカルチャーをもった会社を日本に増やしたい」という考えがひとつ大きなあと押しにもなった。

そういう意味でも、この本にはグーグルからの気づきも大きく含まれており、僕がグーグルにどっぷり浸かったことからの学びも、参考になれば非常にうれしいと思っている。「グーグルみたいな、いいカルチャーをもった会社を日本に増やしたい」という観点でいうと、自分が立ち上げた会社であるｆｒｅｅｅ自体のカルチャーがグーグルを超えるものでないといけない。だから、よいことは積極的に取り込み、進化し得るところ、させるべきところは進化させてきている。

僕の「時間の使い方」も同様に、グーグルからの学びの影響も強く受けたが、それだけではなく、どんどん進化もしてきた。この本には、そんなエッセンスも含まれていると思う。

たった「３か月」の努力で、世の中に大きなインパクトを与えられることはいっぱいある。それほど、世の中には誰も手をつけていない課題がたくさんあるということだ。だから、何に取り組むかというテーマも重要だ。僕は、「人が取り組んでいないけれど、自分が貢献できるテーマを選ぶこと」をキャリアの途中から非常に意識してやるようになった。

これは、世の中にとってもよいことだし、キャリア上も成果が出やすい考え方だと思う。そして、こういう考え方をもつことで、たとえば「起業」といった選択肢も身近になるし、リスクもとりやすくなる。

そうやって、「３か月」しっかりとテーマをもつことで大きな成果を残したり、自分の転機を生んだりすることができる。この本が、日々走り続ける方々が一歩立ち止まり、自分の「3か月」のテーマ設定に費やすきっかけとなれば、とてもうれしく思う。

最後に、日々自分の働き方を進化させる刺激となっているｆｒｅｅｅｒｓのみんな、そして、この本の執筆にあたり、全面的に強力をしてくれたｆｒｅｅｅの定田充司に大きな感謝をしたい。

佐々木大輔（ささき　だいすけ）
freee（フリー）創業者・代表取締役CEO。1980年東京生まれ。一橋大学商学部卒。大学在学中に派遣留学生として、ストックホルム経済大学（スウェーデン）に在籍。また、インターンをしていたインターネットリサーチ会社のインタースコープ（現・株式会社マクロミル）では、データ集計システムやマーケティングリサーチ手法を開発。卒業後は、株式会社博報堂でマーケティングプランナーとしてクライアントへのマーケティング戦略の立案に従事する。その後、未公開株式投資ファーム・CLSAキャピタルパートナーズでの投資アナリストを経て、株式会社ALBERTの執行役員CFOに就任。2008年にGoogleに参画。日本におけるマーケティング戦略立案、Googleマップのパートナーシップ開発や、日本およびアジア・パシフィック地域における中小企業向けのマーケティングの統括などを担当。中小企業セグメントにおけるアジアでのGoogleのビジネスおよび組織の拡大を推進した。2012年7月、freee 株式会社を創業し、シェアNo.1クラウド会計ソフト「freee」等を提供している。日経ビジネス「2013年日本のイノベーター 30人」「2014年日本の主役100人」、Forbes JAPAN「日本の起業家ランキング」BEST 10に2015年、2016年選出。

Google《グーグル》で学《まな》び、シェアNo.1クラウド会計《かいけい》ソフト
freee《フリー》を生《う》み出《だ》した「3か月《げつ》ルール」

「3か月《げつ》」の使《つか》い方《かた》で人生《じんせい》は変《か》わる

2018年７月１日　初版発行
2018年７月20日　第２刷発行

著　者　佐々木大輔
発行者　吉田啓二

発行所　株式会社日本実業出版社　東京都新宿区市谷本村町３−29 〒162-0845
大阪市北区西天満６−８−１ 〒530-0047
編集部 ☎03-3268-5651
営業部 ☎03-3268-5161　振　替　00170−1−25349
https://www.njg.co.jp/

印刷／壮光舎　製本／若林製本

この本の内容についてのお問合せは、書面かFAX（03−3268−0832）にてお願い致します。
落丁・乱丁本は、送料小社負担にて、お取り替え致します。

ISBN 978-4-534-05598-9 Printed in JAPAN